Birgit Fazis

Fingerfood
bayerisch gut

TAPAS VON DAHOAM

Das liegt auf der Hand

Herzlich willkommen!

Wie schön, dass Sie sich für dieses Buch entschieden haben!

Ich freue mich sehr, Sie auf den folgenden Seiten auf eine kulinarische Reise durch die bayerische Küche mitzunehmen und Ihnen die Vielfalt der regionalen Fingerfood-Rezepte nahezubringen. Was sehr modern und als eine reine Erfindung der Neuzeit klingt, ist in Wahrheit ein ziemlich alter, wenn auch äußerst sympathischer Hut. Heutzutage vergessen wir meist, dass das Essen mit Messer und Gabel eine vergleichsweise neue Sitte ist. In vielen Kulturen weltweit wird nach wie vor teilweise oder ganz auf Essbesteck verzichtet und stattdessen mit den Fingern gegessen.

Hätten Sie z. B. gewusst, dass der Knödel, im weiß-blauen Freistaat oft auch „bayerische Weltkugel" genannt, zwar keine Erfindung der Bayern ist, dafür aber als eines der ältesten Fingerfood-Gerichte der Welt gilt? Der Kloß entstand in einer Zeit, in der die Menschen ihre Mahlzeiten größtenteils noch ohne Besteck verspeisten und mit den Fingern aßen. Mit den Jahren veränderten sich zwar die Essgewohnheiten und Tischmanieren, der Knödel aber blieb und ist seit jeher ein fester Bestandteil des kulinarischen Brauchtums in Bayern. Auch in diesem Kochbuch wird Ihnen der Knödel mehrmals begegnen, beispielsweise als gefüllter Mini-Kartoffelknödel, als Breznknödel-Tapas oder süße Nuss-Nougat-Bällchen.

In „Fingerfood – bayerisch gut" finden Sie eine ausgewogene Mischung aus altbekannten und vertrauten Gerichten auf der einen und modern interpretierten bayerischen Klassikern auf der anderen Seite. Obazda-Häppchen, Fleischpflanzerl oder Mini-Apfelstrudel treffen auf Spargel-Röstbrot, Krustenbraten-Burger und feine Apfel-Zimt-Waffeln am Stiel, und sorgen für zünftige Gaumenfreuden.

Insgesamt ist die bayerische Küche mit ihrer stark ausgeprägten Brotzeit-Kultur prädestiniert für eine Vielfalt an Fingerfood-Rezepten, die allesamt nicht nur kompromisslos gut schmecken, sondern sich auch äußerst einfach zubereiten und handlich servieren lassen. Die in diesem Buch vorgestellten Gerichte eignen sich allesamt als Appetithäppchen, kleine Mahlzeit fürs Büro oder für zwischendurch. Sie sind die perfekten Picknick- oder Biergartenbegleiter und machen auch auf dem Party-Büfett eine gute Figur. Als Mutter von drei Töchtern lege ich großen Wert auf eine ausgewogene Ernährung, die sowohl alltags- als auch familientauglich ist, und so kommen die meisten Gerichte auch bei Kindern gut an.
Ich hoffe, Sie finden auf den folgenden Seiten jede Menge Inspiration, viele neue Ideen und vor allem die ganz große Lust zum Kochen!

Viel Freude beim Kochlöffel Schwingen und Genießen wünscht Ihnen Ihre

Birgit Fazis

Noch ein paar Tipps, bevor es losgeht:

- Wenn Sie die Möglichkeit haben auf einem Wochen- oder Bauernmarkt einzukaufen, sollten Sie dies so oft wie möglich tun. Hier finden Sie in der Regel gute Produkte, die frisch, saisonal und regional sind.

- Die angegebene Zubereitungszeit ist ein Durchschnittswert und soll Ihnen vor allem bei der Planung helfen. Arbeiten Sie immer ganz in Ihrem Tempo.

- Backöfen sind oft sehr unterschiedlich, nehmen Sie die angegebene Backzeit deswegen immer nur als Richtwert. Behalten Sie das Gericht immer im Auge und verkürzen oder verlängern Sie die Backzeit gegebenenfalls.

- Bei vielen Rezepten finden Sie einen Tipp-Kasten mit zusätzlichen Hinweisen zu Zubereitung, Variations- oder Serviermöglichkeiten.

- Zum Servieren von Fingerfood-Gerichten ist ein kleiner Fundus an (Weck-) Gläsern, Servierplatten, Tabletts, diversen Spießen, Gäbelchen und Löffelchen von Vorteil, aber nicht zwingend notwendig.

- Die meisten Rezepte erlauben kleine „Shortcuts" für Eilige: Für Gerichte wie Zwiebelkuchen, Flammkuchen-Schnecken oder die Rahmfleckerl mit Speck darf gerne auf ein Fertigprodukt aus dem Kühlregal (Pizza- oder Hefeteig) zurückgegriffen werden, anstatt einem würzigen Schmand-Dip können Sie getrost auch mal einen gekauften Kräuterquark servieren und wer keine Zeit oder Lust hat den Kartoffelknödel- oder Spätzleteig selber zu machen, ersetzt diesen einfach durch ein Convenience-Produkt. Passen Sie die Gerichte ganz einfach und unkompliziert Ihren Bedürfnissen an. Verbote haben in der Küche nichts zu suchen!

- Und zum Schluss: Werden Sie kreativ und haben Sie Spaß in der Küche! Tauschen Sie beim Kochen Zutaten, die Ihnen oder Ihrer Familie nicht schmecken, einfach aus. Lassen Sie sich inspirieren und wenn Sie die Lust und den Mut haben, dann kombinieren, ändern oder interpretieren Sie ganz nach Ihrem Geschmack!

Aufs Brot

Die Brotzeit ist die schönste Zeit, denn egal ob im Biergarten oder daheim am Esstisch, eine deftige Brotzeit gehört in Bayern einfach zum guten Leben dazu. Weil sich das typisch bayerische Brotzeitbrettl aus dem Alltag der Bauern entwickelt hat, finden sich auch heute noch viele deftige und einfach zuzubereitende Schmankerl wie Laugengebäck, Obazda und Radi auf der Brotzeitplatte. Neu interpretierte Klassiker wie Brezn-Weißwurst-Tapas oder Krustenbrot mit Steinpilzbutter bringen etwas mehr Schwung in die bayerische Brotzeit-Tradition und ergänzen auch jedes Büfett um ein paar außergewöhnliche Appetithäppchen.

Meine Lieblinge in diesem Kapitel sind die Gurken-Kartoffelkäs-Schiffchen und die Rosinenbrötchen.

Frische Laugenbällchen

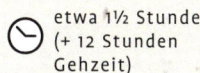 etwa 1½ Stunden (+ 12 Stunden Gehzeit)

 230 °C (Ober-/Unterhitze)

Diese Laugenbällchen schmecken hervorragend und lassen sich ganz einfach und unkompliziert zu Hause zubereiten. Aufgrund ihrer kompakten Größe sind sie besonders bei Kindern sehr beliebt. Für besondere Anlässe serviert man sie einfach mit einem Dip, Aufstrich oder anderen Belägen nach Wahl.

ZUTATEN

Ergibt etwa 32 Laugen-bällchen

500 g Weizenmehl (Type 550)

2 TL Salz

200 ml lauwarmes Wasser

100 lauwarme Milch

1 TL Zucker

1 Würfel Hefe

30 g kalte Butter

50 g Kaisernatron

grobkörniges Salz

Saaten nach Geschmack (z. B. Sesam, Mohn, Sonnenblumen- und Kürbiskerne, Chia-Samen etc.)

etwa 2 EL Mehl für die Arbeitsfläche

ZUBEREITUNG

① Mehl in eine große Schüssel geben, mit dem Salz vermischen und eine kleine Mulde formen.

② Das lauwarme Wasser sowie die Milch mit Zucker und Hefe mischen und in die Mulde geben. Leicht einarbeiten und etwa 10 Minuten an einem warmen Ort abgedeckt stehen lassen.

③ Anschließend den Teig mit den Händen oder einer Küchenmaschine zu einem glatten Teig kneten. Die Butter in kleinen Flöckchen einarbeiten. Der Teig ist ausreichend geknetet, wenn er nicht mehr klebt und sich leicht vom Schüsselrand löst. Sollte dies nicht der Fall sein, noch ein wenig weiterkneten bzw. etwas Mehl hinzufügen.

④ Den fertig gekneteten Teig mit etwas Mehl bestäuben, mit Folie abdecken und über Nacht im Kühlschrank reifen lassen.

⑤ Am nächsten Morgen den Teig auf der bemehlten Arbeitsfläche nochmals gut durchkneten.

⑥ Den Backofen auf 230 °C (Ober-/Unterhitze) vorheizen.

⑦ Den Teig in 4 Teile schneiden und jedes Viertel mit den Händen zu einer langen Rolle formen. Von jeder Rolle etwa 8 Teiglinge abschneiden und diese in der Hand kurz zu einer Kugel rollen oder formen.

⑧ 1 l Wasser in einem großen Topf zum Kochen bringen. Das Natron ins Wasser geben und die Ofen-Temperatur auf die niedrigste Stufe herunterschalten.

⑨ Die Teiglinge mit Hilfe eines Schaumlöffels für etwa 25 Sekunden ins Laugenwasser tauchen und anschließend auf ein mit Backpapier belegtes Blech setzen. Mit Salz, Sesam, Mohn oder Körnern bestreuen und in der Mitte des Ofens ca. 15–17 Minuten goldbraun backen.

Obazda-Häppchen

Bayerischer Klassiker

ca. 20 Minuten
+ mind. 1 Stunde
Ziehzeit

Dieser pikante Käseaufstrich ist aus der bayerischen Küche kaum wegzudenken. Er schmeckt nicht nur herzhaft gut, sondern ist auch noch eine wunderbare Variante, um Weichkäsereste wie Camembert und Brie weiterzuverwerten. Auf runden Pumpernickel-Scheiben mit Radieschen serviert sieht der Obazda besonders appetitlich aus und ist auch noch ein perfektes Fingerfood zum Naschen.

ZUTATEN

Ergibt etwa 28 Häppchen
200 g Camembert
50 g weiche Butter
50 g Frischkäse
1 Schalotte
3 EL Weißbier
1 TL Paprikapulver edelsüß
1 Prise Kümmel, gemahlen
Salz
schwarzer Pfeffer, frisch gemahlen
1 Bund Radieschen
½ Bund Schnittlauch
1 Rolle Pumpernickel
(etwa 250 g)

ZUBEREITUNG

① Camembert, Butter und Frischkäse in eine Schüssel geben, mit einer Gabel zerdrücken und vermischen.
② Die Schalotte schälen, fein hacken und zusammen mit dem Weißbier unterrühren. Die Gewürze dazugeben, abschmecken und den Obazda mindestens 1 Stunde ziehen lassen.
③ Kurz vor dem Servieren Radieschen und Schnittlauch waschen, putzen, in feine Würfel bzw. Röllchen schneiden und vermischen. Mit etwas Salz würzen.
④ Zum Servieren Pumpernickel großzügig mit Obazda bestreichen und jeweils etwas von der Radieschen-Schnittlauch-Mischung als Topping darauf geben.

Mein Tipp:
Wer Pumpernickel nicht mag, kann es selbstverständlich auch durch eine andere Brotsorte ersetzen. Besonders Brote mit hohem Roggenanteil harmonieren sehr gut mit Obazda.

Gurken-Kartoffelkäs-Schiffchen

Für Kindergeburtstage

🕐 ca. 30 Minuten

Cremig-sahniger Kartoffelkäs und knackfrische, saftige Gurken passen bei diesen Häppchen so wunderbar zusammen, dass man vermutlich schnell wieder für Nachschub sorgen muss, sobald sie einmal serviert sind. Die kleinen Appetithäppchen sind im Nu zubereitet und kommen auch bei Kindern immer sehr gut an.

ZUTATEN

Ergibt etwa 20 Stück
200 g mehlig kochende Kartoffeln
200 g saure Sahne
1 EL Röstzwiebeln
evtl. 1 Schuss Milch
Salz
schwarzer Pfeffer, frisch gemahlen
2 Salatgurken
½ Bund Schnittlauch, fein geschnitten

ZUBEREITUNG

① Kartoffeln kochen, pellen und in eine Schüssel geben. Mit einer Gabel zerdrücken.

② Saure Sahne und die Röstzwiebeln untermischen, sodass sich eine streichfähige Masse ergibt. Falls der Kartoffelkäs noch nicht die gewünschte Konsistenz hat, einfach etwas Milch hinzufügen und die Masse cremig rühren. Den Aufstrich mit Salz und Pfeffer würzen.

③ Gurken waschen und jede Gurke in etwa 3 cm dicke Scheiben schneiden. Anschließend mit einem Kugelausstecher oder kleinen Löffel kleine Mulden für die Kartoffelkäs-Füllung aushöhlen.

④ Den Kartoffelkäs in einen Spritzbeutel geben und in die Mulden der Gurkenscheiben spritzen.

⑤ Die Gurken-Kartoffelkäs-Schiffchen mit den Schnittlauchröllchen bestreuen und servieren.

Mein Tipp:

Wer keinen Spritzbeutel zur Hand hat, kann alternativ auch einen Gefrierbeutel verwenden. Dazu einfach eine kleine Spitze des Plastikbeutels abschneiden, den Kartoffelkäs hineinfüllen und mit sanftem Druck in die Mulden spritzen.

Butterbrot mit Röstzwiebelsalz

🕐 ca. 5 Minuten

Gute Dinge können so einfach sein. Dieses Röstzwiebelsalz ist der perfekte Beweis dafür, dass es für großartigen Genuss nicht unbedingt viel braucht. Das Gewürzsalz ist im Nu hergestellt und veredelt nicht nur Butterbrote, sondern auch viele andere Speisen und Gerichte wie z.B. Kartoffelstampf, Salate oder Suppen und Eintöpfe.

ZUTATEN

Für etwa 100 g Röst-
zwiebelsalz

25 g Röstzwiebeln

75 g grobkörniges Meer-
salz

1 TL getrocknete
Petersilie

Brot, Butter und frische
Petersilie zum Servieren

ZUBEREITUNG

① Die Röstzwiebeln in einem Mörser oder Blitzhacker fein mahlen.

② Meersalz, gemahlene Röstzwiebeln sowie die getrocknete Petersilie miteinander vermengen und anschließend in ein hübsches Gewürz- oder Weckglas füllen.

③ Zum Servieren eine beliebige Menge an Broten großzügig mit Butter bestreichen und anschließend mit etwas Röstzwiebelsalz und frischer Petersilie bestreuen.

Mein Tipp:

Wer weder Mörser noch Blitzhacker besitzt, kann die Röstzwiebeln auch in einen Gefrierbeutel geben, diesen sorgfältig verschließen und mit einem Nudelholz so lange darüber rollen, bis die Röstzwiebeln fein gemahlen sind.

Krustenbrot mit Steinpilzbutter

Perfektes Mitbringsel

🕐 ca. 5 Minuten
+ 30 Minuten
Kühlzeit

Ein weiterer Beweis dafür, dass die allerbesten Dinge oft die einfachsten sind. Für die Zubereitung dieser Steinpilzbutter benötigt man eine erfreulich überschaubare Menge an Zutaten und kaum Zeit, dazu lässt sie sich auch noch auf vielfältige Arten genießen und verleiht neben dem klassischen Butterbrot besonders Nudeln oder Fleischgerichten ein wunderbares Steinpilz-Aroma.

ZUTATEN

Ergibt 150 g Steinpilzbutter
1 Handvoll getrocknete Steinpilze
150 g weiche Butter
1 EL getrocknete Petersilie
1 gestrichener TL grobkörniges Meersalz
frisches Krustenbrot
frische Petersilie zum Servieren

ZUBEREITUNG

① Steinpilze in einem Mörser oder Blitzhacker fein hacken.
② Die weiche Butter in ein Schälchen geben und mit Pilzen, Petersilie und dem grobkörnigen Meersalz verrühren, bis eine homogene Mischung entstanden ist.
③ Die Butter für mindestens 30 Minuten in den Kühlschrank geben, damit ihre Konsistenz sich wieder etwas verfestigt.
④ Zum Servieren beliebig viele Scheiben frisches Krustenbrot mit der Steinpilzbutter bestreichen und mit etwas gehackter Petersilie bestreuen.

Laugenchips mit Kräuter-Frischkäse

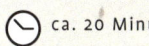 ca. 20 Minuten

 200 °C (Ober-/ Unterhitze)

Laugengebäck schmeckt hervorragend, hat aber einen großen Nachteil: Es wird schnell trocken und hart und ist am nächsten Tag meist nicht mehr genießbar. Mit diesem Rezept lassen sich aus altbackenen Brezn schnell und unkompliziert knusprige Laugenchips zubereiten, die nicht nur ein feiner Knabberspaß sind, sondern sich auch noch für viele weitere Gelegenheiten auf Vorrat aufbewahren lassen.

ZUTATEN

Für etwa 4 Personen als Snack
2 Laugenstangen oder Brezn
2 EL Olivenöl
1 kleine Knoblauchzehe
200 g Frischkäse
2–3 EL Gartenkräuter, fein gehackt (z. B. Schnittlauch, Petersilie) + etwas zum Servieren
3 EL Milch
Salz
schwarzer Pfeffer, frisch gemahlen

ZUBEREITUNG

① Den Backofen auf 200 °C (Ober-/Unterhitze) vorheizen.
② Das Laugengebäck in dünne Scheiben schneiden, in eine Schüssel geben, mit dem Olivenöl beträufeln und vermischen.
③ Die Laugenchips auf ein Backblech geben, gleichmäßig verteilen und im vorgeheizten Backofen etwa 3–5 Minuten kross backen.
④ Knoblauch schälen und pressen. Den Frischkäse mit Knoblauch, gehackten Kräutern und Milch glatt rühren. Mit Salz und Pfeffer abschmecken, mit den restlichen Kräutern bestreuen und bis zum Servieren kalt stellen.
⑤ Die Laugenchips kurz abkühlen lassen und zusammen mit dem Kräuterfrischkäse als Snack servieren.

Mein Tipp:
Wer die Laugenchips aufbewahren möchte, lässt sie vollständig abkühlen und verstaut sie anschließend bis zum Verzehr in einem luftdichten Behälter an einem dunklen, kühlen Ort.

Weißwurst-Tapas

ca. 20 Minuten

Die kleinen Weißwurst-Tapas bereichern jedes bayerische Fingerfood-Büfett und sind auch zwischendurch ein zünftig gutes Appetithäppchen, das entgegen der Weißwurst-Tradition ausnahmsweise auch nach 12 Uhr mittags gegessen werden darf. Der senfähnliche Geschmack der Kresse passt dabei hervorragend zu Laugengebäck und Weißwurst.

ZUTATEN

Ergibt etwa 35 Stück
4 Weißwürste
4 Laugenstangen
süßer Senf
½ Bund Radieschen
4 Essiggurken
frische Kresse

ZUBEREITUNG

① Wasser in einem Topf zum Kochen bringen. Die Temperatur herunterschalten, die Weißwürste hineingeben und etwa 10 Minuten im nicht mehr kochenden Wasser ziehen lassen.

② Die Laugenstangen in etwa 1–1,5 cm dicke Scheiben schneiden.

③ Die Weißwürste etwas abkühlen lassen, pellen und in etwa 1 cm dicke Scheiben schneiden.

④ Radieschen waschen, putzen und ebenfalls in dünne Scheiben schneiden.

⑤ Essiggurken abtropfen lassen bzw. mit einem Küchenpapier trocken tupfen und in mundgerechte Stücke schneiden.

⑥ Auf jede Laugenscheibe erst etwas süßen Senf geben, anschließend Weißwurst-, Radieschen- und Gurkenscheiben übereinanderlegen und mit etwas frischer Kresse bestreuen.

Blauschimmel-Birnen-Canapés

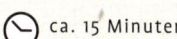 ca. 15 Minuten

Weil der erste deutsche Edelpilzkäse vor knapp 100 Jahren in einer Dorfkäserei in Oberbayern hergestellt wurde, ist der "Bayerische Gebirgs-Roquefort" für mich aus der weiß-blauen Küche nicht wegzudenken. In Kombination mit fruchtig-süßer Birne und knackigen Nüssen wird daraus ein kleines, besonderes Festmahl.

ZUTATEN

Ergibt etwa 20 Stück
1 Vollkornbaguette
1 große Birne
150 g Blauschimmelkäse
(z. B. Bavaria Blu)
1 kleine Handvoll Wal-
nüsse, grob gehackt
2 EL Honig
ein paar Zweige frischer
Thymian
schwarzer Pfeffer, frisch
gemahlen

ZUBEREITUNG

① Das Vollkornbaguette in etwa 20 Scheiben schneiden.
② Birne waschen, halbieren, vierteln, entkernen und anschließend in hauchdünne Scheiben schneiden.
③ Blauschimmelkäse in kleine Stücke schneiden und die Baguette-scheiben damit gleichmäßig belegen oder, je nach Konsistenz des Blauschimmelkäses, bestreichen.
④ Walnüsse in einer beschichteten Pfanne fettfrei rösten. Beiseite-stellen und kurz abkühlen lassen.
⑤ Jedes Canapé mit ein paar Birnenspalten belegen und mit etwas Honig beträufeln. Zum Schluss mit den gerösteten Nüssen und den Thymianblättchen bestreuen, mit wenig Pfeffer würzen und sofort servieren.

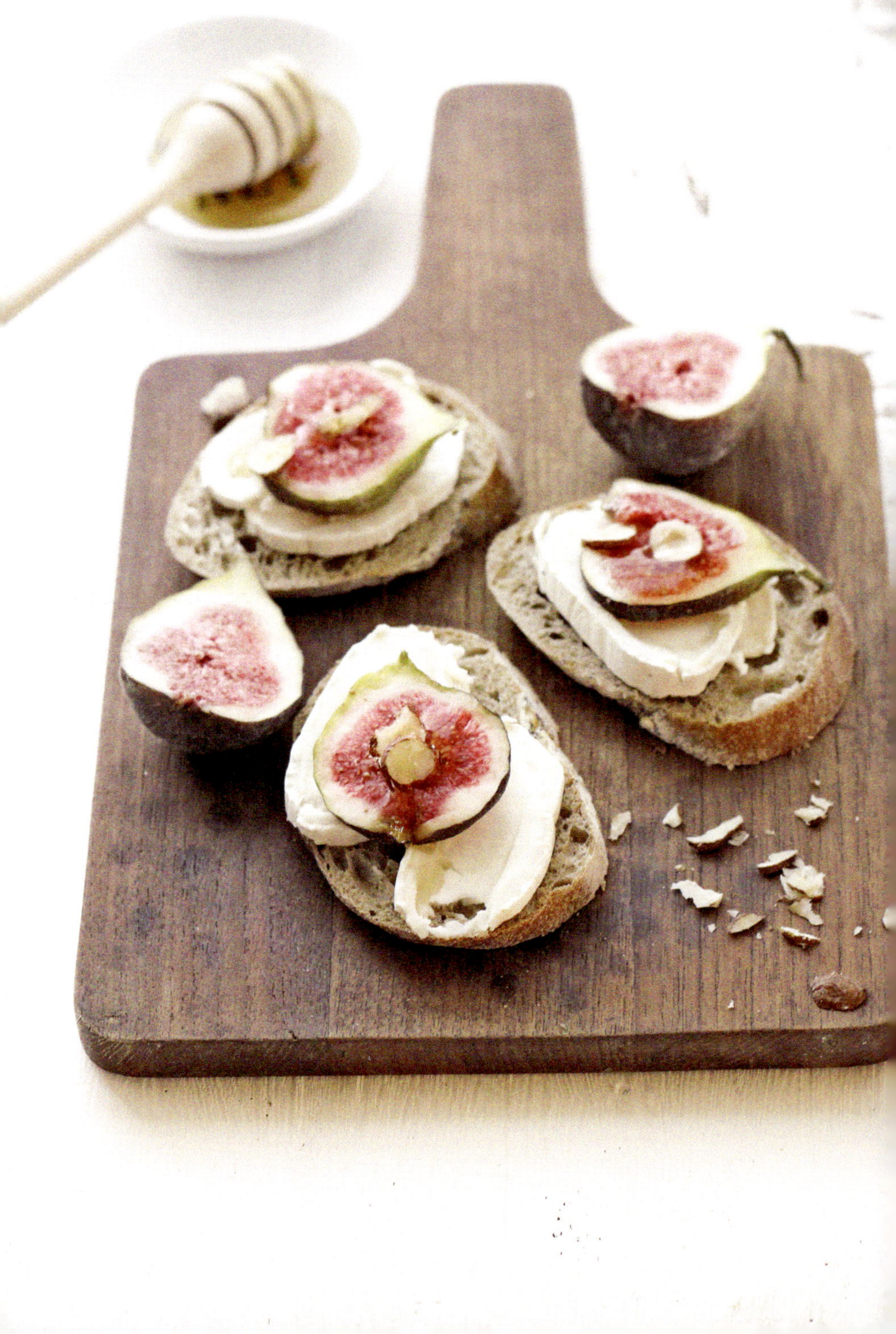

Feigen-Ziegenkäse-Schnitten

Perfekt für die Brotzeit

🕐 ca. 15 Minuten

Käse spielt in der bayerischen Brotzeit-Küche eine nicht ganz unwesentliche Rolle. Die klassische Brotzeitplatte, bestehend aus Käsesorten wie Allgäuer Emmentaler, Bergkäse, bayerischem Edelpilzkäse, Limburger oder Romadur, lässt sich durch die leichten Feigen-Ziegenkäse-Schnitten ein wenig aufpeppen und bringt gleichzeitig auch noch Farbe auf den Tisch.

ZUTATEN

Ergibt etwa 20 Stück
1 Baguette
1 kleine Handvoll Haselnüsse, grob gehackt
1 Ziegenkäserolle (200 g)
4 frische Feigen
2 EL Honig
schwarzer Pfeffer, frisch gemahlen

ZUBEREITUNG

① Das Baguette in Scheiben schneiden.
② Haselnüsse in einer beschichteten Pfanne fettfrei rösten, beiseitestellen und kurz abkühlen lassen.
③ Die Ziegenkäserolle in dünne Scheiben schneiden und auf die Baguettescheiben streichen.
④ Die Feigen vorsichtig waschen, in kleine Spalten oder Scheiben schneiden und auf den Ziegenkäse-Brot-Schnitten verteilen.
⑤ Kurz vor dem Servieren den Honig über die Schnitten träufeln, mit den gerösteten Nüssen bestreuen und mit 1 Prise Pfeffer würzen.

Mein Tipp:
Wer die Ziegenkäse-Feigen-Schnitten warm servieren möchte, kann diese für etwa 3–5 Minuten bei 180°C in das obere Drittel des vorgeheizten Backofens geben. Schmeckt hervorragend!

Bayerisches Bruschetta

Perfekt für die Brotzeit

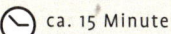 ca. 15 Minuten

Wenn das kulinarisch-kreative Italien auf die boden-ständige bayerische Küche trifft, kommen wunderbare Fusionen, wie beispielsweise dieses bayerische Bruschetta dabei heraus. Geröstetes Brot mit cremigem Frischkäse und knackigen Radieschen hat noch nie besser geschmeckt – garantiert!

ZUTATEN

Ergibt etwa 20 Stück
1 Bund Radieschen
3 Lauchzwiebeln
3 EL Rapsöl
Saft von ½ Zitrone
Salz
schwarzer Pfeffer, frisch
gemahlen
1 Prise Zucker
1 Baguette
200 g Frischkäse

ZUBEREITUNG

① Radieschen und Lauchzwiebeln waschen, putzen und in dünne Scheiben bzw. Ringe schneiden. Rapsöl, Zitronensaft und die Gewürze hinzufügen, alles miteinander vermischen und kurz durchziehen lassen.
② Das Baguette in etwa 20 Scheiben schneiden.
③ Brotscheiben mit dem Frischkäse bestreichen und die Radieschen-Zwiebel-Mischung gleichmäßig auf jedem Bruschetta verteilen.

Spargel-Röstbrot mit Bärlauchpesto

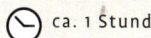 ca. 1 Stunde

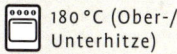 180 °C (Ober-/ Unterhitze)

Von April bis Juni ist ganz Bayern vernarrt in das weiße Königsgemüse. Weil die klassischen Spargel-Zubereitungs-varianten nicht besonders gut zum Fingerfood taugen, müssen neue Ideen her. Dieses Spargel-Röstbrot mit Bär-lauchpesto und knackigem Gemüse kommt nicht nur komplett ohne Messer und Gabel aus, sondern schmeckt auch noch überraschend leicht.

ZUTATEN

Ergibt etwa 16 Stück
8 Scheiben Bauernbrot
7 EL Olivenöl
500 g weißer Spargel
500 ml Gemüsebrühe
2 EL Butterflocken
1 Bund frischer Bärlauch
1 EL Pinienkerne
30 g Pecorino, fein gerieben
½ Bund Radieschen, in feine Würfel gehackt

ZUBEREITUNG

① Den Backofen auf 180 °C (Ober-/Unterhitze) vorheizen.
② Die Brotscheiben auf ein mit Backpapier belegtes Backblech legen und mit etwa 2 EL Olivenöl gleichmäßig einpinseln. Die Brote im oberen Drittel des heißen Backofens etwa 5–8 Minuten rösten, bis sie an den Rändern leicht Farbe annehmen. Herausnehmen und abkühlen lassen, den Ofen aber noch eingeschaltet lassen.
③ Den Spargel waschen, schälen, von den holzigen Enden befreien und in eine ofenfeste Auflaufform geben. Gemüsebrühe und Butterflöckchen hinzufügen und die Auflaufform mit etwas Alufolie abdecken. Den Spargel etwa 25–30 Minuten im Backofen garen.
④ Den Bärlauch gut waschen, grob schneiden und mit dem restlichen Olivenöl, den Pinienkernen und dem Pecorino zu einer streichfähigen Masse pürieren. Sollte die Konsistenz noch zu fest sein, einfach etwas mehr Olivenöl dazugeben.
⑤ Den gegarten Spargel kurz abkühlen lassen und in mundgerechte Stücke schneiden.
⑥ Die Röstbrotscheiben halbieren, mit dem Spargel belegen, jeweils 1 TL Bärlauchpesto darüber verteilen und zum Schluss jedes belegte Röstbrot mit fein gewürfelten Radieschen garnieren.

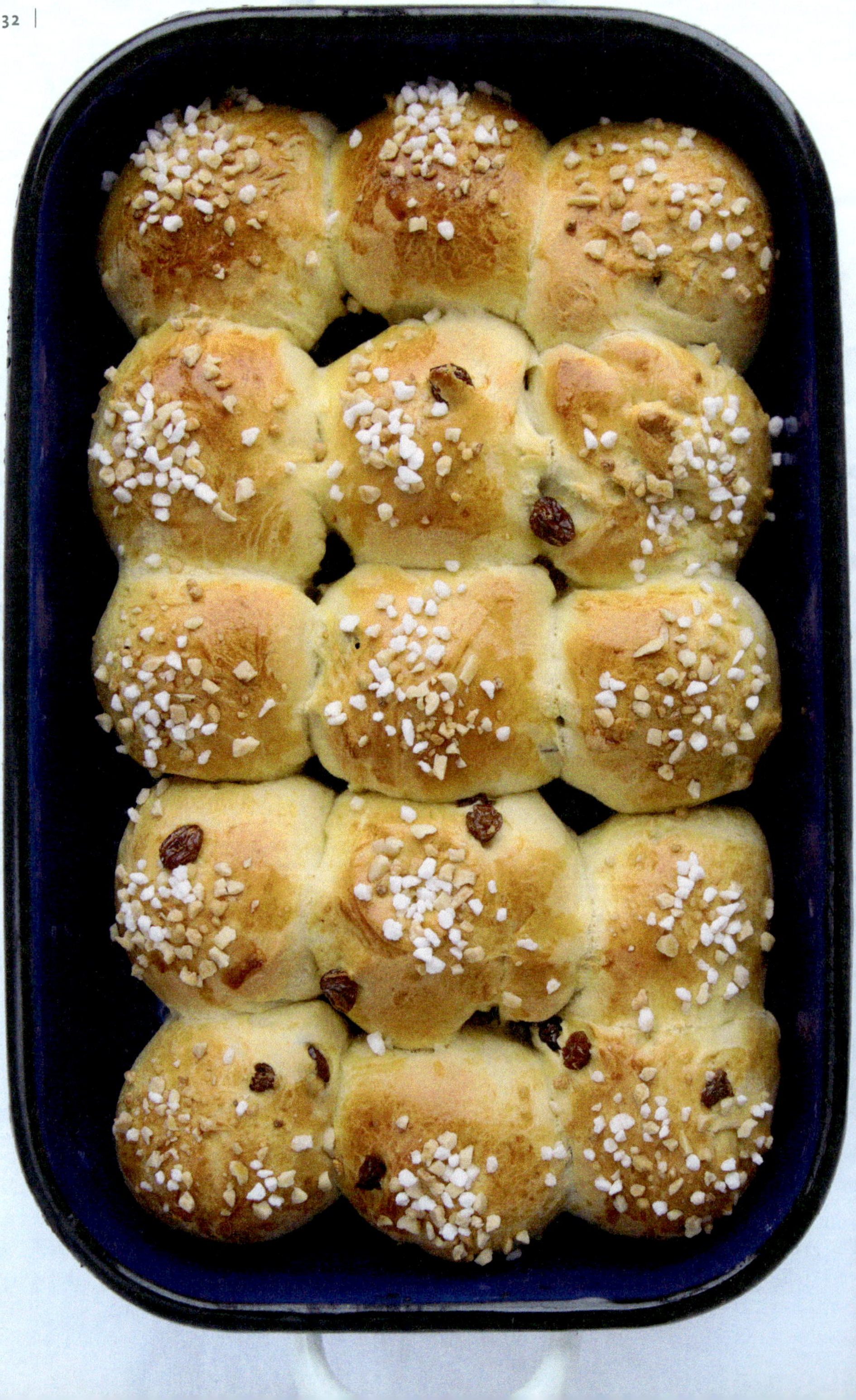

Rosinenbrötchen

Perfekt für die süße Brotzeit

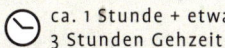 ca. 1 Stunde + etwa 3 Stunden Gehzeit

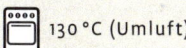 130 °C (Umluft)

Diese Rosinenbrötchen sind aus einem klassischen Rezept für Hefezopf, in Bayern auch als Allerseelenzopf bekannt, entstanden. Mit Rosinen, Hagelzucker und gehackten Mandeln werden sie zu wunderbaren, süßen Brötchen, die pur, mit Butter oder Marmelade bestrichen oder auch in Kaffee oder Kakao getunkt ganz hervorragend schmecken.

ZUTATEN

Ergibt 15 Stück
Vorteig:
500 g Weizenmehl
½ Würfel frische Hefe
1 TL Zucker
125 ml lauwarme Milch
Hauptteig:
100 g Zucker
75 g weiche Butter
2 Eier
1 Prise Salz
1 Handvoll Rosinen
Butter und Mehl für Form
1–2 EL Milch und 1 Eigelb zum Bestreichen
Hagelzucker
gehackte Mandeln

ZUBEREITUNG

① Das Mehl in eine große Schüssel geben und in der Mitte eine Mulde formen.

② Die Hefe mit 1 TL Zucker in der lauwarmen Milch vollständig auflösen und vorsichtig in die Mulde schütten. Leicht mit den Fingern einarbeiten, mit einem Küchentuch abdecken und an einem warmen Ort etwa 30 Minuten gehen lassen.

③ Zucker, weiche Butter, Eier und Salz hinzufügen und den Teig mit den Händen oder der Küchenmaschine etwa 5–10 Minuten geschmeidig kneten. Die Rosinen dazugeben und unterkneten.

④ Den Teig mit Mehl bestäuben, erneut mit dem Küchentuch abdecken und an einem warmen Ort etwa 2–3 Stunden gehen lassen.

⑤ Den Backofen auf 130°C (Umluft) vorheizen. Eine große Back- oder Auflaufform buttern und mehlen.

⑥ Den Teig auf einer bemehlten Arbeitsfläche in 3 gleich große Stücke teilen, daraus jeweils 5 runde Rosinenbrötchen formen. Mit etwas Abstand zueinander in die Backform setzen.

⑦ Eigelb mit 1–2 EL Milch verrühren und die Rosinenbrötchen damit gleichmäßig einstreichen. Mit Hagelzucker und gehackten Mandeln bestreuen und im Backofen etwa 35–40 Minuten goldbraun backen.

Mein Tipp:

Für einen Hefezopf den Teig einfach dritteln, jeweils zu etwa 40 cm langen Teigwülsten rollen und anschließend zu einem Zopf flechten.

Süßer Spekulatius-creme-Aufstrich

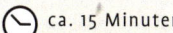

Perfektes Mitbringsel

🕐 ca. 15 Minuten

Dieser süße, weihnachtliche Aufstrich schmeckt mir auf einem ofenwarmen Rosinenbrötchen am allerbesten. Wer es etwas fruchtiger mag, streicht ihn einfach auf etwas frisches Obst, wie z.B. Apfelscheiben oder Bananenstücke, und wer lieber anderen damit eine Freude machen möchte, verschenkt ihn als selbstgemachte Köstlichkeit aus der Küche weiter.

ZUTATEN

Ergibt etwa 250 g Auf-
strich

150 g Spekulatiusgebäck
1 TL Spekulatiusgewürz
½ TL Zimt
1 Prise Salz
1 EL Honig
1 TL Bourbon-Vanille-
zucker
30 g Sahne
60 g weiche Butter

ZUBEREITUNG

① Die Spekulatiuskekse in kleine Stück brechen und in der Küchen-maschine oder im Mörser fein zerkleinern.
② Gewürze, Honig, Vanillezucker und die Sahne hinzufügen und alles gut vermischen. Die weiche Butter hinzufügen und ebenfalls unter-rühren, so dass eine homogene, streichfähige Paste entsteht.
③ Den Aufstrich in ein steriles Glas füllen und bis zum Verzehr im Kühlschrank aufbewahren.

Bratapfelmarmelade

ca. 20 Minuten

In den Herbst- und Wintermonaten gibt es wenig Wohltuen-
deres als einen warmen, zuckersüßen Bratapfel. Aber wer
sagt eigentlich, dass man Bratäpfel nicht auch in Gläser
füllen kann? Diese Bratapfelmarmelade ist schnell gekocht
und konserviert den wunderbaren Geschmack weit über den
Winter hinaus. Ein Löffelchen davon schmeckt nicht nur
auf der Frühstückssemmel oder im Joghurt, sondern passt
auch sehr gut zu Waffeln, Pfannkuchen & Co.

ZUTATEN

Ergibt etwa 3 Gläser
1 kg Äpfel
50 g gehackte Mandeln
30 g Butter
100 ml Apfelsaft
350 g Gelierzucker 3:1
Saft von ½ Zitrone
1 Zimtstange
1 Handvoll Rosinen oder
getrocknete Cranberries

ZUBEREITUNG

① Äpfel waschen, halbieren, vierteln, entkernen und in möglichst
kleine Würfel schneiden.
② Die gehackten Mandeln in einer Pfanne ohne Zugabe von Fett
goldbraun rösten, beiseitestellen und abkühlen lassen.
③ Butter in einem großen Topf erhitzen, die Apfelwürfel kurz darin
anbraten und anschließend mit dem Apfelsaft ablöschen.
④ Gelierzucker, Zitronensaft, Zimtstange sowie die Rosinen oder
Cranberries hinzufügen, umrühren, aufkochen und etwa 5–10 Minuten
sprudelnd kochen lassen.
⑤ Zum Schluss die gerösteten Mandeln untermischen und die heiße
Marmelade in sterile Gläser füllen. Sofort verschließen und vollständig
abkühlen lassen.

Im Glas

Alle Gerichte, die nicht am Stück, am Spieß oder auf dem Brot
serviert werden können, lassen sich meist im Glas oder
wahlweise in hübschen Tassen portionieren und besonders
appetitlich anrichten. Auf Besteck darf gerne verzichtet
werden, stattdessen erfüllt eine Auswahl an kleinen Holzgäbel-
chen besonders bei größeren Feierlichkeiten ihren Zweck. An
einem heißen Sommertag sorgen kalte Radieschen-Shots im
Glas für die nötige Erfrischung, der bayerische Wurstsalat sieht
im Weckglas noch appetitlicher aus und das cremige Sahneeis
mit gebrannten Mandeln kann sowohl im Dessertglas als auch
in der Waffel gereicht werden.

Meine Lieblinge in diesem Kapitel sind
der Frühlingsdip mit Schafskäse und Radieschen
und das Sahneeis mit gebrannten Mandeln.

Pilztatar im Glas

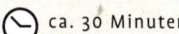 ca. 30 Minuten

Diese kleine Vorspeise im Glas ist ein wahrer Augen- und Gaumenschmaus und passt sich jedem Anlass an. Als vegetarische Variante muss man sich um den sofortigen Genuss keinerlei Sorgen machen, das Pilzgericht übersteht problemlos und ohne Geschmackseinbußen auch ein paar Stunden auf dem Büfett.

ZUTATEN

Ergibt etwa 8 Portionen
400 g Champignons
2 Schalotten
2 EL Olivenöl
Salz
schwarzer Pfeffer, frisch
gemahlen
1 Bund Petersilie, fein
gehackt
1 Spritzer Zitronensaft
4 Scheiben Rohschinken
1 Romana Salatherz

ZUBEREITUNG

① Champignons mit einer weichen Gemüsebürste oder Küchenpapier putzen, von etwaigen Erdresten befreien und in kleine Würfel schneiden.
② Schalotten schälen, fein hacken und in einer beschichteten Pfanne in 2 EL Olivenöl kurz andünsten.
③ Die Pilze hinzufügen und etwa 5 Minuten unter Wenden anbraten. Die Pilze mit Salz und Pfeffer abschmecken, Petersilie unterheben und mit Zitronensaft beträufeln. Das Pilztatar in eine Schüssel füllen und beiseitestellen.
④ Die Pfanne erneut auf mittlerer Flamme erhitzen. Den Schinken in der heißen Pfanne von beiden Seiten knusprig braten. Auf Küchenpapier geben und kurz abkühlen lassen.
⑤ Die Salatblätter waschen und trocken schleudern. 8 Salatblätter mit der runden Blattseite nach unten in 8 Gläser legen und das Pilztatar gleichmäßig darauf verteilen.
⑥ Zum Schluss die gebratenen Schinkenscheiben halbieren und jede Portion Pilztatar mit einem Stück Schinken garnieren.

Kalte Radieschen-Shots

🕐 ca. 15 Minuten

Was in Spanien und Portugal die Gazpacho ist, ist in Bayern die kalte Radieschensuppe. Sie erfrischt an einem warmen Sommertag und hinterlässt neben ihrem fein-würzigen Geschmack ein angenehm sättigendes Gefühl, ohne dabei zu beschweren. Weil die Suppe kalt serviert wird, passt sie als Radieschen-Shot im Glas auch hervorragend auf jedes sommerliche Büfett.

ZUTATEN

Ergibt etwa 10 kleine Portionen
1 Bund Radieschen
1 kleine Knoblauchzehe
500 ml Buttermilch
1 Bund frischer Schnittlauch, in Röllchen geschnitten
200 g saure Sahne
1 Spritzer Zitronensaft
Salz
schwarzer Pfeffer, frisch gemahlen

ZUBEREITUNG

① Radieschen waschen und putzen. Knoblauchzehe pressen. Etwa 4 Radieschen beiseitelegen, den Rest in Scheiben schneiden und mit etwa 100 ml Buttermilch und dem Knoblauch fein pürieren.
② Restliche Buttermilch, die Hälfte der Schnittlauchröllchen sowie die saure Sahne hinzufügen und nochmals kurz pürieren, bis alles gut miteinander vermischt ist.
③ Die kalte Radieschensuppe mit Zitronensaft, Salz und Pfeffer abschmecken und in kleine Schnaps- oder Weckgläser füllen.
④ Die übrigen Radieschen in feine Würfel schneiden, mit dem restlichen Schnittlauch vermischen und über die Radieschen-Shots streuen. Bis zum Servieren kalt stellen.

Mein Tipp:

Die Radieschen lassen sich auch prima durch eine Salatgurke ersetzen. Dazu die Gurke der Länge nach halbieren, dann vierteln und das Fruchtfleisch mit einem Messer herausschneiden. Die Gurke klein schneiden und mit der Buttermilch und den restlichen Zutaten rezeptgetreu weiterverarbeiten.

Frühlingsdip mit Schafs-käse und Radieschen

Für Picknick & Biergarten

🕐 ca. 15 Minuten

Weil die bayerische Brotzeitkultur ohne herzhafte Backwaren wie Brezn, Bierstangen und Co. undenkbar wäre, braucht jedes deftige Gebäck immer auch ein passendes "Darüber". Dieser kinderleichte Dip mit Schafskäse und Radieschen ist sowohl zum Dippen wie auch zum Bestreichen bestens geeignet und schmeckt frisch nach Frühling.

ZUTATEN

Ergibt 1 Glas (etwa 450 g)
200 g Schafskäse
1 Knoblauchzehe
200 g Schmand
½ Bund Radieschen
2 EL frische Schnittlauch-röllchen
Salz
schwarzer Pfeffer, frisch gemahlen
Cracker und Gemüse zum Dippen nach Wahl (z. B. Gurken, Möhren, Radieschen)

ZUBEREITUNG

① Schafskäse mit den Händen grob zerkleinern. Knoblauch pressen. Schafskäse, Schmand und Knoblauch in ein hohes Gefäß geben, mit einer Gabel zu einer cremigen Masse zerdrücken und verrühren.
② Radieschen waschen, putzen, in feine Würfel schneiden und unter-rühren. Mit dem Pürierstab kurz durchmixen.
③ Schnittlauchröllchen unterrühren und den Dip mit Salz und Pfeffer würzen.
④ Den Frühlingsdip mit frischem Gemüse und Crackern servieren oder bis zum Verzehr im Kühlschrank aufbewahren.

Mein Tipp:

Wer möchte, kann auch das Ganze oder einen Teil des Radieschengrüns mit verwerten. Dies schmeckt nicht nur gut, sondern ist auch noch sehr nahrhaft. Dazu das Grün von welken Blättern befreien, klein hacken und kurz zusammen mit der Schafkäsecreme pürieren.

Bayerischer Wurstsalat

Bayerischer Klassiker

🕐 ca. 15 Minuten
+ 1 Stunde Ziehzeit

Während um die Herkunft und Erfindung des Wurstsalats zuweilen heftig gestritten wird, ist eines gewiss: Der bayerische Wurstsalat schmeckt und ist ein beliebter Bestandteil der weiß-blauen Küche. Alles, was man für seine Zubereitung braucht, ist eine qualitativ hochwertige und wohlschmeckende Fleischwurst sowie eine Handvoll weiterer Zutaten wie Zwiebeln, Essig und Öl. Auf geht's!

ZUTATEN

Ergibt etwa 10 kleine Portionen
500 g Fleischwurst
1 Zwiebel
1 Bund Radieschen
5 Cornichons
6 EL geschmacksneutrales Pflanzenöl (z. B. Raps- oder Sonnenblumenöl)
3 EL Weißweinessig
2 EL Gurkenwasser
1 Prise Zucker
Salz
schwarzer Pfeffer, frisch gemahlen
3 EL Schnittlauchröllchen

ZUBEREITUNG

① Fleischwurst pellen, erst in Scheiben und anschließend in Streifen schneiden.
② Zwiebel schälen. Zwiebel, Radieschen und Cornichons in feine Würfel schneiden und zu den Fleischwurststreifen geben.
③ Aus Öl, Essig, Gurkenwasser, Zucker, Salz und Pfeffer ein Dressing zubereiten und unterheben. Wurstsalat abdecken und im Kühlschrank mindestens 1 Stunde ziehen lassen.
④ Vor dem Servieren die Schnittlauchröllchen unter den bayerischen Wurstsalat heben, diesen in kleine Gläser füllen und sofort servieren.

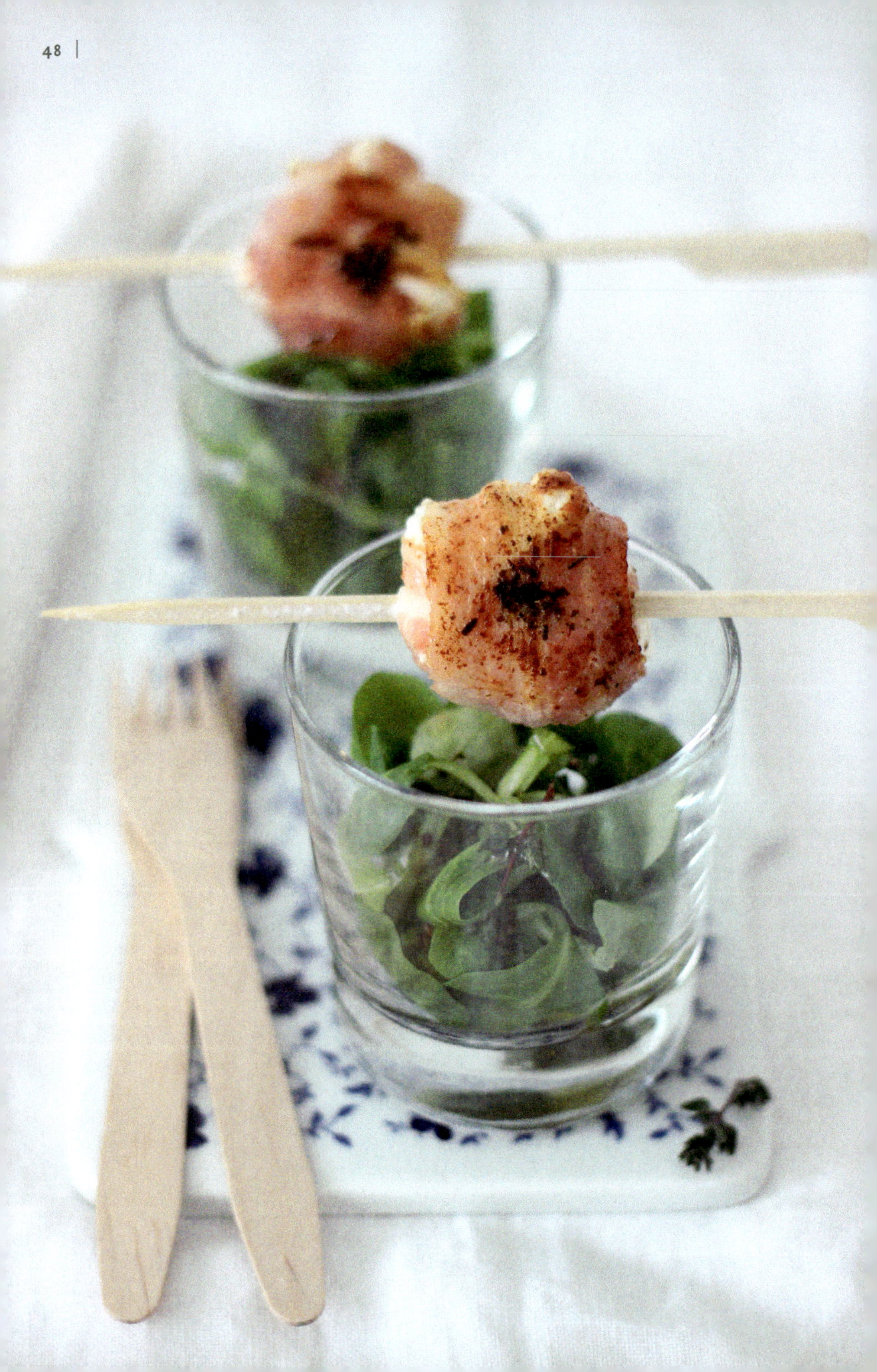

Ziegenkäse-Taler auf Feldsalat

Für besondere Anlässe

ca. 20 Minuten

Dass die bayerische Küche weit mehr zu bieten hat als nur Schweinshaxn und Knödel, ist längst bekannt und so findet man eine Variation dieses feinen und beliebten Gerichts auf vielen Speisekarten in bayerischen Gasthäusern.

ZUTATEN

Ergibt etwa 8 kleine Portionen
125 g Feldsalat
1 Ziegenkäserolle (200 g)
16 Scheiben Frühstücks-speck
5 EL Olivenöl
2 EL Weißweinessig
½ TL grobkörniger Senf
1 Prise Zucker
Salz
schwarzer Pfeffer, frisch gemahlen

ZUBEREITUNG

① Den Feldsalat waschen und putzen.
② Die Ziegenkäserolle behutsam in 8 Scheiben schneiden und jeden Ziegenkäsetaler in jeweils 2 Scheiben Speck einwickeln.
③ 1 EL Olivenöl in einer Pfanne erhitzen und die Käsetaler etwa 4–5 Minuten unter gelegentlichem Wenden knusprig braten.
④ Währenddessen aus dem restlichen Öl, Weißweinessig, Senf, Zucker, Salz und Pfeffer ein Dressing herstellen und mit dem Feldsalat vermischen.
⑤ Die gebratenen Ziegenkäsetaler kurz abkühlen lassen, auf einen Holzspieß stecken und mit dem Feldsalat servieren.

Mein Tipp:

Für eine vegetarische Variante die Ziegenkäsetaler erst in etwas Mehl wälzen, abklopfen und den Käse kurz unter häufigem Wenden in einer Pfanne mit 1 EL Olivenöl anbraten.

Gefüllte Mini-Kartoffelknödel

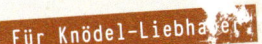
Für Knödel-Liebhaber

🕐 ca. 45 Minuten

Kein anderes Gericht verdient den Titel "Fingerfood" so sehr wie der Knödel, denn er entstand in einer Zeit, in der die meisten Menschen zum Essen noch kein Besteck, sondern ihre Hände verwendeten. Diese gefüllte Mini-Knödelvariante erfreut sich stets großer Beliebtheit.

ZUTATEN

Ergibt etwa 25–30 Mini-Knödel
250 g Pilze (z. B. braune Champignons)
1 Schalotte
4 EL Butter
½ Bund frische Petersilie, fein gehackt
Salz
schwarzer Pfeffer, frisch gemahlen
750 g Kartoffelknödelteig
frischer Rucola zum Garnieren

ZUBEREITUNG

① Pilze mit einer Gemüsebürste oder einem Küchentuch säubern und in feine Würfel schneiden.

② Schalotte schälen, sehr fein schneiden und in der Butter 2–3 Minuten dünsten. Anschließend die Pilze hinzufügen und 5 Minuten unter gelegentlichem Rühren mitdünsten.

③ Die Petersilie dazugeben, mit Salz und Pfeffer würzen und die Pilzmischung zum Abkühlen beiseitestellen.

④ Einen großen Topf mit Salzwasser zum Kochen bringen.

⑤ Mit den Fingern oder einem Löffel eine walnussgroße Menge Kartoffelteig abstechen, zu einer Kugel rollen, in der Hand muldenförmig platt drücken und eine kleine Menge der Pilzmischung vorsichtig in die Teigmulde geben. Den Kartoffelteig um die Pilzmischung herum verschließen und in der Hand zu einem kleinen Knödel rollen.

⑥ Sobald das Salzwasser kocht, die Temperatur reduzieren und die Knödel vorsichtig in das siedende Wasser gleiten lassen. 20 Minuten ohne Deckel garen.

⑦ Die gekochten Knödel anschließend mit einem Schaumlöffel aus dem Topf holen, kurz abtropfen lassen und auf einem Rucolabett im Glas servieren.

Mein Tipp:

Bei der Füllung der Kartoffelknödel darf gerne ganz nach Lust und Laune experimentiert werden. Wie wäre es beispielsweise mit einer Kombination aus sonnengetrockneten Tomaten und Feta? Oder einer Füllung aus dick eingekochter Bolognese?

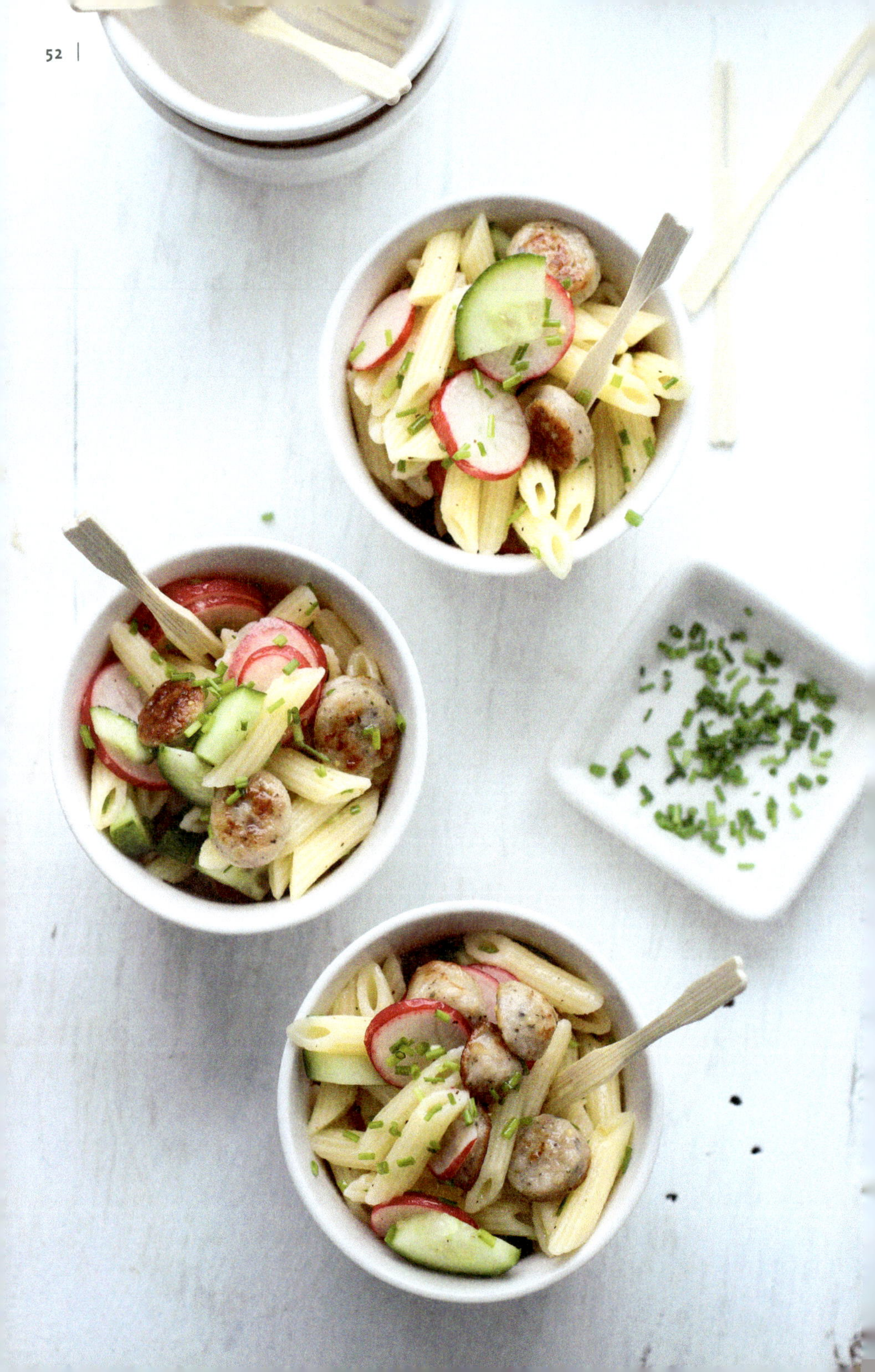

Nürnberger Rostbratwurst-Salat

🕐 ca. 30 Minuten

Diesem Nudelsalat verleiht knackiges Gartengemüse seine Frische und die Nürnberger Rostbratwürstchen einen ganz besonderen Geschmack. Die weltberühmte kleine Bratwurst zeichnet sich durch einen aromatischen Majoran-Geschmack aus und wird heute noch nach einer jahrhundertealten, geschützten Rezeptur hergestellt.

ZUTATEN

Für ca. 8–10 Personen als Beilage
400 g Nudeln (z. B. Penne)
Salz
300 g Nürnberger Rostbratwürstchen
8 EL Pflanzenöl
1 Bund Radieschen
1 Salatgurke
3 EL Weißweinessig
1 TL grobkörniger Senf
schwarzer Pfeffer, frisch gemahlen
1 Bund Schnittlauch

ZUBEREITUNG

① Die Nudeln nach Packungsanweisung in Salzwasser bissfest garen.
② Nürnberger Rostbratwürstchen in etwa 1 cm dicke Scheiben schneiden und in 2 EL Pflanzenöl rundherum knusprig braten.
③ Radieschen waschen, putzen und in dünne Scheiben schneiden.
④ Gurke waschen, Enden abschneiden, erst halbieren, dann vierteln und mit einem Messer der Länge nach das kernige Fruchtfleisch entfernen. Die Gurke klein schneiden.
⑤ Abgetropfte Nudeln, Rostbratwürstchen, Gurke und Radieschen in eine große Salatschüssel geben. Aus dem restlichen Öl, Weißweinessig, Senf, Salz und Pfeffer ein Dressing herstellen, dazugeben und kräftig unterheben.
⑥ Zum Schluss den Schnittlauch in feine Röllchen schneiden und unterheben. Den Salat bis zum Verzehr zum Durchziehen in den Kühlschrank stellen.

Warmer Bratkartoffel-salat

Bayerischer Klassiker

🕐 ca. 30 Minuten

Dieses Gericht ist eine schmackhafte Mischung aus Kartoffelsalat und Bratkartoffeln und kann warm oder kalt gegessen werden. Darüber hinaus lässt sich der Salat durch den hohen Anteil an frischem Gemüse sowohl als kleine Hauptmahlzeit wie auch als Beilage servieren.

ZUTATEN

Für 6–8 Personen als Beilage

4–5 große, gegarte Kartoffeln (am besten vom Vortag)
2–3 EL Butter
150 g Speckwürfel
1 Bund Radieschen
1 Handvoll Rucola
Salz
schwarzer Pfeffer, frisch gemahlen
Paprika rosenscharf

ZUBEREITUNG

① Die Kartoffeln pellen und in etwa 0,5 cm dicke Scheiben schneiden.
② Eine Pfanne bei mittlerer Temperatur erhitzen. Butter schmelzen, Speckwürfel hinzufügen und unter häufigem Rühren etwa 2–3 Minuten anbraten.
③ Anschließend die Kartoffelscheiben hinzufügen und einige Minuten mitbraten, bis sie eine knusprig braune Farbe annehmen.
④ Radieschen waschen, putzen und in dünne Scheiben schneiden. Rucola waschen und trocken schleudern.
⑤ Sobald die Bratkartoffeln fertig gebraten sind, mit Salz, Pfeffer und Paprika würzen und in eine große Schüssel geben und etwas abkühlen lassen.
⑥ Radieschen und Rucola unterheben und den Salat warm servieren.

Mein Tipp:

Dieser Salat lässt sich vielfältig abwandeln. Auch andere Gemüsesorten wie Paprika, geröstete Zucchini oder Karotten schmecken hier ganz wunderbar.

Backhendl-Bites auf Kartoffelsalat

🕐 ca. 1–1 ½ Stunden

Das bayerische Brathendl ist ein wahres Festessen und gehört nicht umsonst jedes Jahr zu den beliebtesten Gerichten auf dem Münchner Oktoberfest. Für etwas mehr Fingerfood-Tauglichkeit wurde das Hendl bei diesem Rezept als handliche Backhendl-Bites zubereitet. Der perfekte Begleiter dazu: bayerischer Kartoffelsalat.

ZUTATEN

Ergibt etwa 8 Portionen
500 g Kartoffeln
Salz
1 Zwiebel
1 Bund Radieschen
1 kleine Salatgurke
100 ml Gemüsebrühe
1 TL Senf
3 EL Weißweinessig
4 EL Pflanzenöl
1 Bund Schnittlauch, fein gehackt
Salz
schwarzer Pfeffer, frisch gemahlen
500 g Hühnerbrustfilet
50 g Mehl
100 g Semmelbrösel
2 Eier
6 EL Butterschmalz
Zitrone

ZUBEREITUNG

① Kartoffeln in Salzwasser kochen, heiß pellen und in mundgerechte Stücke schneiden.
② Zwiebel schälen, fein hacken. Radieschen und Gurke waschen, klein schneiden und alles zu den Kartoffeln geben.
③ Aus Gemüsebrühe, Senf, Essig und Pflanzenöl eine Marinade herstellen. Mit den Schnittlauchröllchen zum Kartoffelsalat geben. Kräftig umrühren und mit Salz und Pfeffer abschmecken. Beiseitestellen und ziehen lassen.
④ Das Hühnerbrustfilet waschen, trocken tupfen und in 5–7 cm große Stücke schneiden.
⑤ Für die Panierstraße Mehl, Semmelbrösel und die leicht verquirlten Eier jeweils getrennt voneinander in tiefe Teller füllen.
⑥ 2 EL Butterschmalz in einer Pfanne erhitzen. Ein Drittel des Fleisches erst in Mehl wälzen, dann kurz durch das Ei ziehen und zum Schluss in den Semmelbröseln wenden. Im Butterschmalz von beiden Seiten goldbraun anbraten und zum Abtropfen auf etwas Küchenpapier legen. Mit den restlichen Bites ebenso verfahren.
⑦ Den Kartoffelsalat umrühren und evtl. abschmecken. Zum Servieren in 8 weite Gläser etwas Kartoffelsalat geben und anschließend 2 Backhendl-Bites darauf platzieren. Mit Zitrone garnieren.

Ofen-Kaiserschmarrn

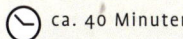 ca. 40 Minuten

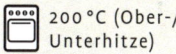 200 °C (Ober-/
Unterhitze)

Kaiserschmarrn gehört in Bayern zu einer der beliebtesten Mehlspeisen, auch wenn man sich hierfür wohl eher an der österreichischen Küche als an der bayerischen bedient. Dieses Rezept ist perfekt für Momente, in denen man wenig Zeit zum Kochen hat, denn der Kaiserschmarrn bäckt sich fast von ganz allein im heißen Backofen.

ZUTATEN

Für 6–8 Personen als Dessert
250 ml Milch
50 g Zucker
150 g Mehl
1 Päckchen Vanillezucker
4 zimmerwarme Eier
1 Prise Salz
4 EL weiche Butter
1 gestrichener EL Mehl
für die Form
Puderzucker

ZUBEREITUNG

① Den Backofen auf 200 °C (Ober-/Unterhitze) vorheizen.
② Milch, Zucker, Mehl und Vanillezucker in eine Schüssel geben und mit dem Schneebesen möglichst klümpchenfrei verrühren.
③ Eier trennen. Eigelb in den Teig rühren, Eiweiß mit dem Salz zu Eischnee schlagen und vorsichtig unterheben.
④ Eine große ofenfeste Pfanne oder Auflaufform mit 2 EL Butter einfetten und leicht mehlen. Den Teig in die Form geben und im vorgeheizten Backofen etwa 15–20 Minuten goldgelb backen.
⑤ Nach der ersten Backzeit den Ofen-Kaiserschmarrn aus dem Ofen nehmen, mit einem Pfannenwender aus Holz in Achtel teilen und die Stücke vorsichtig wenden. Die restliche Butter als Flöckchen über den Teig verteilen und weitere 5–10 Minuten zu Ende backen.
⑥ Den Ofenschmarrn vor dem Servieren mit einer Gabel vorsichtig in Stücke reißen und im Glas oder Becher mit Puderzucker bestäubt anrichten.

Mein Tipp:
Dazu schmeckt Apfelmus, Apfelkompott oder auch ein Klecks Beerengrütze. Wer den Kaiserschmarrn etwas knuspriger mag, streut noch ein paar geröstete Nüsse darüber.

Himbeermousse

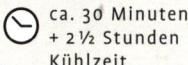

Für Dessert-Liebhaber

🕐 ca. 30 Minuten
+ 2 ½ Stunden
Kühlzeit

Diese Himbeermousse ist eine fruchtige Alternative zu den vielen bayerischen Mehlspeisen. Das erfrischende Sommerdessert ist dank kleinem Joghurtanteil nicht allzu schwer und mit Hilfe von gemahlener Sofort-Gelatine auch erfreulich unkompliziert in der Zubereitung.

ZUTATEN

Für 6–8 Personen als
Dessert
300 g Himbeeren
3 EL Himbeermarmelade
2 EL Zucker
1 Päckchen gemahlene
Gelatine für kalte
Speisen
150 Sahnejoghurt
(10 % Fett)
200 g Sahne
1 Handvoll Himbeeren
zum Garnieren
frische Minze
Puderzucker

ZUBEREITUNG

① Himbeeren, Himbeermarmelade und Zucker verrühren und unter Rühren aufkochen. Die Himbeermasse durch ein Sieb streichen, um die Kerne zu entfernen. Anschließend beiseitestellen und lauwarm abkühlen lassen.
② Sofort-Gelatine nach Packungsanweisung einrühren. Dann den Sahnejoghurt zügig mit einem Schneebesen unterrühren.
③ Sahne schlagen und behutsam unterheben. Die Himbeermousse in kleine Gläser füllen und mindestens 2 Stunden kalt stellen.
④ Die Mousse vor dem Servieren mit frischen Himbeeren und Minze garnieren und leicht mit Puderzucker bestäuben.

Mein Tipp:
Wer gerade keine frischen Himbeeren zur Hand hat oder das Dessert zu einer anderen Jahreszeit zubereiten möchte, greift einfach auf Tiefkühl-Himbeeren zurück.

Bayerische Creme mit Glühweinkirschen

Für Dessert-Liebhaber

🕐 ca. 45 Minuten
+ etwa 3 ½ Stunden
Kühlzeit

Dieser bayerische Dessertklassiker darf auf keinem Nach-speisen-Büfett fehlen und wird traditionell meist mit Erdbeersoße oder frischen Erdbeeren serviert. Meine winterliche Variante mit Glühweinkirschen schmeckt herrlich festiv und rundet jedes weihnachtliche Menü perfekt ab.

ZUTATEN

Für 6–8 Personen als Dessert
5 Blatt Gelatine
1 Vanilleschote
300 ml Milch
4 Eigelb
100 g Zucker
300 g Sahne
1 Glas Kirschen oder Schattenmorellen (680 g)
40 g Stärke
1 Päckchen Glühwein-gewürz
1 EL Zucker zum Bestreuen
2 EL Bio-Orangenzesten

ZUBEREITUNG

① Blattgelatine in kaltem Wasser einweichen. Die Vanilleschote aufschneiden und das Vanillemark mit einem Messer herausschaben. Vanillemark und die Schote mit der Milch erwärmen.

② Eigelb und Zucker mit dem Handrührgerät rühren, bis die Masse weiß und cremig ist und der Zucker sich vollständig aufgelöst hat.

③ Vanilleschote aus der Milch nehmen, die warme Milch langsam unter die Eimasse rühren und über dem heißen Wasserbad so lang schlagen, bis eine dickflüssige Creme entsteht.

④ Die Gelatine ausdrücken und nach und nach unter Rühren in der Creme auflösen. Beiseitestellen, abkühlen lassen und dabei gelegentlich umrühren.

⑤ Die Sahne steif schlagen. Sobald die Creme geliert, die Schlagsahne unterheben.

⑥ Die Creme in 6–8 Gläser füllen und im Kühlschrank ungefähr 3 Stunden fest werden lassen.

⑦ Die Schattenmorellen abseihen, den Saft auffangen und die Früchte beiseitestellen. Etwa 5 EL Saft abnehmen und mit der Stärke glatt rühren. Den restlichen Kirschsaft mit dem Glühweingewürz erhitzen und bei geringer Temperatur etwa 5–10 Minuten ziehen lassen.

⑧ Das Glühweingewürz entfernen und die Stärke einrühren. Kurz auf-kochen lassen, bis eine sämige Konsistenz erreicht ist. Dann die Schat-tenmorellen hinzufügen und unter Rühren kurz aufkochen. Abkühlen lassen.

⑨ Ein paar Löffel Glühweinkirschen auf die Bayerische Creme geben. 1 EL Zucker mit den Orangenzesten vermischen und die Bayerische Creme damit garnieren.

Sahneeis mit gebrannten Mandeln

Für Dessert-Liebhaber

🕐 ca. 45 Minuten
+ 4 Stunden
Gefrierzeit

Dieses Sahneeis mit gebrannten Mandeln punktet nicht nur mit seinem außergewöhnlich cremigen Geschmack, sondern auch mit der Tatsache, dass es sich ganz ohne Eismaschine zubereiten lässt. Die gebrannten Mandeln können beliebig gegen andere kandierte Nüsse, Schokostückchen, Beeren etc. ausgetauscht werden. Ein Traum in Weiß!

ZUTATEN

Ergibt etwa 1 Liter Eis
200 g ganze Mandeln
100 g Zucker
80 ml Wasser
½ TL Zimt
2 Päckchen Vanillezucker
100 ml kalte Milch
400 g gezuckerte Kondensmilch (z. B. Milchmädchen)
1 Prise Salz
400 g Sahne

ZUBEREITUNG

① Mandeln in einer beschichteten Pfanne fettfrei anrösten und auf einem Teller abkühlen lassen.

② Zucker, Wasser und Zimt in die Pfanne geben, gut verrühren und die Masse ohne zu rühren aufkochen. Mandeln hinzufügen und unter ständigem Rühren weiterkochen, bis das Wasser verdunstet ist und sich der Zucker als helle, bröselige Schicht um die Mandeln gelegt hat. Temperatur reduzieren, Vanillezucker dazugeben und kräftig weiterrühren, bis sich der Zucker als goldbraune Schicht um die Mandeln gelegt hat.

③ Die Mandeln auf ein mit Backpapier belegtes Blech geben. Mit einem Holzlöffel voneinander lösen und abkühlen lassen.

④ Milch, Kondensmilch und Salz in einer Schüssel verrühren. Sahne steif schlagen, vorsichtig unterheben, in eine Kastenbackform füllen und in die Tiefkühltruhe stellen. Innerhalb der nächsten 4 Stunden das Eis jede Stunde umrühren.

⑤ Die gebrannten Mandeln grob hacken und nach etwa 2 Stunden Gefrierzeit unterrühren.

⑥ Das Eis vor dem Servieren ein paar Minuten antauen lassen, bevor es portioniert wird.

Am Spieß

Besonders Kinder finden meiner Erfahrung nach sehr großen Gefallen an allen Gerichten, die am Spieß oder Stiel gegessen werden können. Die meisten Gerichte dieses Kapitels sind in der Regel gern gesehene Gäste auf jedem Kindergeburtstag, aber auch Erwachsene genießen diverse kulinarische Schmankerl am Spieß. Während die Kleinsten sich über das Steckerlbrot mit Speck, mit Schokolade überzogene Äpfel und Steckerlkuchen freuen, geraten große Genussliebhaber meist über Breznknödel-Tapas, herzhafte Bratwurst-Spieße und himmlische Nuss-Nougat-Bällchen in Verzückung. Für was würden Sie sich entscheiden?

Meine Lieblinge in diesem Kapitel sind
die Ofenkartoffel am Spieß
und die Nuss-Nougat-Bällchen.

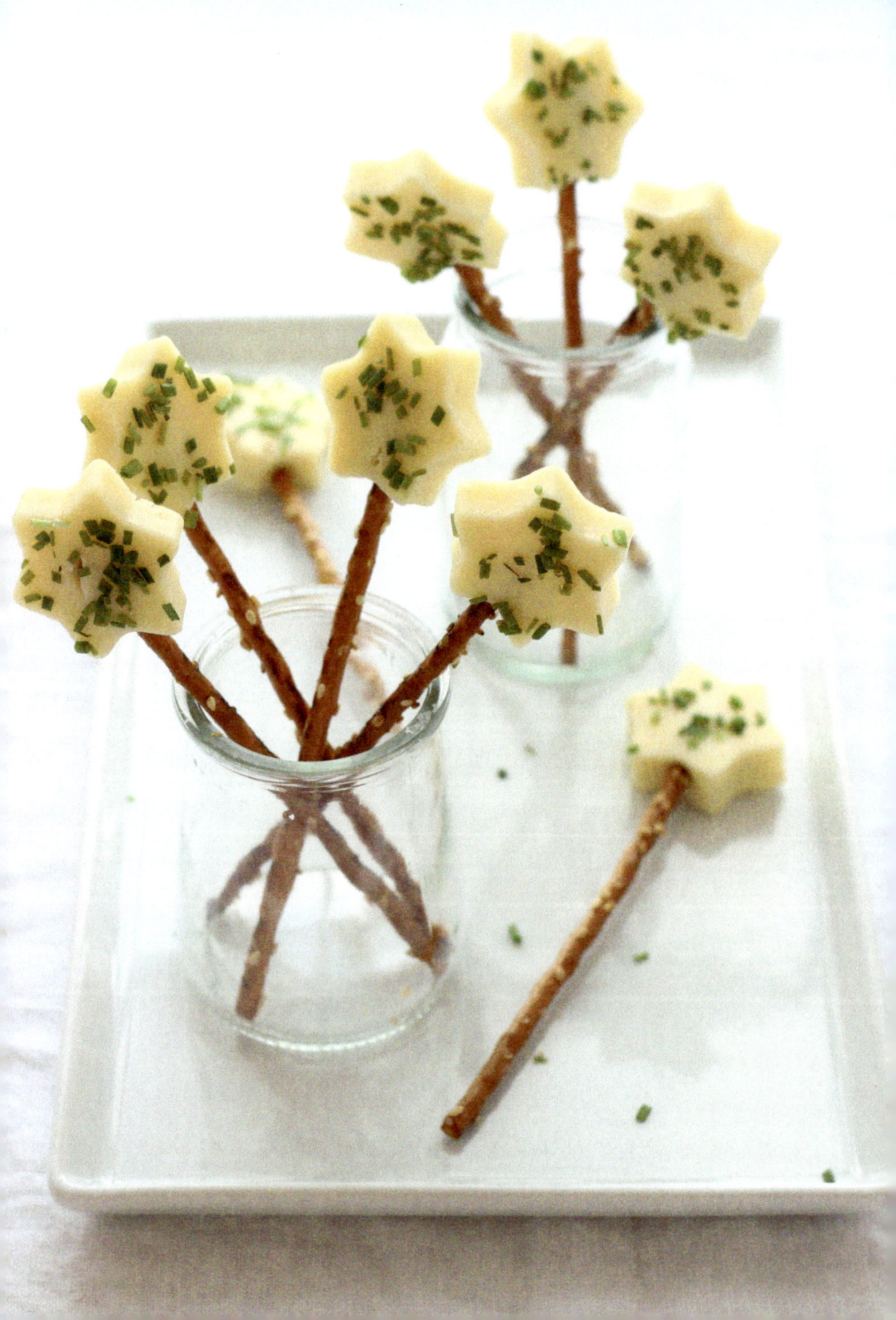

Käse-Sesam-Stangen

Für Kindergeburtstage

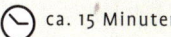 ca. 15 Minuten

Diese herzigen Käse-Sesam-Stangen sind sehr schnell gemacht und eine schöne Möglichkeit, um Käse zu servieren. Weil besonders Kinder meist großen Gefallen an den Käsestücken in Sternen- oder Herzform finden und sie zudem einfach zu genießen sind, eignen sich die knusprigen Stangen hervorragend für Kindergeburtstag, Sommerfest & Co.

ZUTATEN

Für 8–10 Personen als Snack
400 g schnittfester Käse am Stück
1 Bund Schnittlauch
1 Packung Sesam-Stangen

ZUBEREITUNG

① Käse in etwa 1 cm dicke Scheiben schneiden.
② Schnittlauch waschen und in dünne Röllchen schneiden.
③ Mit einem kleinen Plätzchen-Ausstecher Sterne oder eine andere beliebige Form aus den Käsestücken ausstechen. Mit einem Zahnstocher oder Schaschlikspieß kleine Löcher in die Unterseite des Käses stechen.
④ Die Käsesterne anschließend in den Schnittlauchröllchen wälzen und leichten Druck ausüben, so dass der Schnittlauch am Käse haften bleibt.
⑤ Die Käsestücke vorsichtig auf die Sesamstangen spießen und die Käse-Sesam-Stangen in einem oder mehreren Gläsern sammeln und servieren.

Mein Tipp:

Die Käsereste, die sich beim Ausstechen ansammeln, in einem Frischhaltebeutel oder einem anderen geeigneten Gefäß sammeln und beispielsweise als Pizza- oder Gratin-Käse weiterverwenden.

Steckerlbrot mit Speck

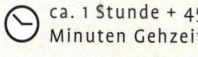 ca. 1 Stunde + 45 Minuten Gehzeit

 200 °C (Ober-/ Unterhitze)

Die Idee zu diesem Steckerlbrot entstand am ~~~~~~~~ als ich eine Alternative zum beliebten Stockbrot suchte, das ja bekanntermaßen direkt über der Glut gebacken wird. Das Steckerlbrot mit Speck und Röstzwiebeln ist besonders alltagstauglich, weil es kein offenes Feuer benötigt, sondern einfach im Backofen gebacken werden kann.

ZUTATEN

Ergibt etwa 12 Brote
15 g frische Hefe
150 ml lauwarmes Wasser
2 EL Olivenöl
1 EL Honig
1 EL grobes Meersalz
400 g Mehl
125 g Speck- oder Schinkenwürfel
4 EL Röstzwiebeln
Mehl für die Arbeitsfläche

ZUBEREITUNG

① Hefe in eine große Schüssel geben und mit lauwarmem Wasser, Olivenöl, Honig und Meersalz verrühren.
② Nach und nach das Mehl hinzufügen und langsam mit den Händen oder der Küchenmaschine zu einem elastischen Teig verkneten. Wenn der Teig noch zu klebrig sein sollte, etwas mehr Mehl hinzufügen.
③ Den Teig abgedeckt an einem warmen Platz etwa 45 Minuten gehen lassen. Ein Backblech mit Backpapier belegen und den Backofen auf 200 °C (Ober-/Unterhitze) vorheizen.
④ Dann den Teig auf der bemehlten Arbeitsfläche nochmals durchkneten. Dabei die Schinkenwürfel und Röstzwiebeln unterkneten.
⑤ Den Teig erst halbieren und die Teigmenge so lang weiter teilen, bis man 12 gleich große Teiglinge erhält. Die Teiglinge kurz mit Mehl bestäuben und nach und nach in etwa 30–35 cm lange Teigschnüre rollen. Den Teig nun langsam um einen etwa 30 cm langen Holz-Schaschlikspieß wickeln. Dabei die Enden jeweils gut festdrücken. Die Steckerlbrote mit etwas Abstand zueinander auf das Backblech legen.
⑥ Sobald der Ofen die Backtemperatur erreicht hat, das Backblech mit den Steckerlbroten hineinschieben und etwa 30 Minuten knusprig backen.

Mein Tipp:
Die Steckerlbrote schmecken lauwarm ganz ausgezeichnet. Wer möchte, serviert einen Dip nach Wahl dazu (Frischkäsedip, Kräuterquark etc.).

Flammkuchen-Schnecken mit Sauerkraut

Für Picknick & Biergarten

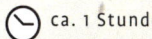 ca. 1 Stunde

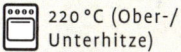 220 °C (Ober-/ Unterhitze)

Dieser bayerische Flammkuchen, hier als handliche Schnecke serviert, schmeckt dank Sauerkraut und Schinken sehr würzig und richtig lecker. Besonders Kinder mögen den Flammkuchen am Spieß gerne, er kann aber selbstverständ- lich auch als gewöhnlicher Flammkuchen auf dem Brett serviert werden.

ZUTATEN

Ergibt etwa 15 Stück
400 g Sauerkraut
1 Pizzateig aus dem Kühl- regal (400 g)
200 g Schmand
Salz
schwarzer Pfeffer, frisch gemahlen
1 großzügige Prise Küm- mel, gemahlen
125 g Schinkenwürfel
100 g Käse, gerieben
1 Bund Schnittlauch, fein geschnitten

ZUBEREITUNG

① Ein Küchensieb mit einem Küchenhandtuch auslegen, das Sauer- kraut hineingeben und abtropfen lassen. Das Sauerkraut anschließend in das Küchentuch eindrehen und fest ausdrücken, bis kaum noch Flüssig- keit heraustropft.

② Pizzateig mit dem dazugehörigen Backpapier flach auf dem Tisch ausbreiten.

③ Schmand mit Salz, Pfeffer und Kümmel glatt rühren und gleich- mäßig auf dem Pizzateig verteilen. Dabei rundherum einen Rand von etwa 1,5–2 cm lassen.

④ Den Pizzateig mit Sauerkraut, Schinkenwürfeln und Käse belegen und zum Schluss mit zwei Dritteln der Schnittlauchröllchen bestreuen. Vorsichtig von der langen Seite aufwärts einrollen. Dabei das unter- liegende Backpapier zu Hilfe nehmen. Den gerollten Sauerkrautflamm- kuchen in das Backpapier einschlagen und in den Kühlschrank legen.

⑤ Den Backofen auf 220 °C (Ober-/Unterhitze) vorheizen.

⑥ Den Flammkuchen aus dem Papier wickeln und mit einem scharfen Messer in etwa 2 cm dicke Scheiben schneiden. Diese behutsam auf das Backblech legen und im heißen Backofen etwa 20–25 Minuten goldgelb backen.

⑦ Die Flammkuchen-Schnecken nach der Backzeit etwa 5 Minuten abkühlen lassen, auf kleine Holzspieße stecken und mit dem restlichen Schnittlauch bestreut servieren.

Rosenkohl-Speck-Spieße

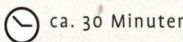 ca. 30 Minuten

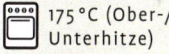 175 °C (Ober-/ Unterhitze)

Rosenkohl gehört wegen seines leicht bitteren Geschmacks leider oft zu einer vernachlässigten Gemüsesorte, dabei ist er eine Vitaminbombe und mit seinem hohen Vitamin-C-Gehalt das perfekte Wintergemüse. Bei diesem Gericht wurden die Rosenkohlköpfe erst in Speck gewickelt und anschließend im Backofen geröstet. Schmeckt köstlich, probieren Sie es aus!

ZUTATEN

Für 6–8 Personen als Snack
500 g Rosenkohl
200 g Speck in Scheiben
Pfeffer, frisch gemahlen
2 EL frische Petersilie, gehackt

ZUBEREITUNG

① Den Backofen auf 175 °C (Ober-/Unterhitze) vorheizen. Kleine Holzspieße in eine Schüssel mit kaltem Wasser legen.
② Den Rosenkohl waschen, putzen und evtl. von welken oder unschönen Blättern befreien.
③ Speckscheiben der Länge nach halbieren, jeden kleinen Rosenkohl in eine Scheibe Speck wickeln und mit jeweils einem befeuchteten Holzspieß fixieren.
④ Die Rosenkohl-Speck-Spieße leicht pfeffern und auf ein mit Backpapier belegtes Blech legen. Im vorgeheizten Backofen etwa 20–25 Minuten backen.
⑤ Nach Ende der Backzeit die Spieße auf eine Servierplatte geben und mit der frischen Petersilie bestreuen.

Breznknödel-Tapas

Für Knödel-Liebhaber

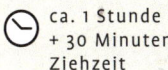 ca. 1 Stunde
+ 30 Minuten
Ziehzeit

Breznknödel eignen sich ganz ausgezeichnet als Fingerfood, weil sie als Knödelrollen perfekt aufgeschnitten, angebraten und belegt werden können. Bei dieser Variante spielen Pilze und Kräuterfrischkäse die Hauptrolle, es gibt jedoch noch eine Vielzahl weiterer Möglichkeiten und Zutatenkombinationen. Werden Sie kreativ!

ZUTATEN

Ergibt etwa 25–30 Stück
Knödel:
250 g Laugengebäck vom Vortag
2 Eier
250 ml Milch
1 Schalotte
2 EL Petersilie, fein gehackt
Salz
schwarzer Pfeffer, frisch gemahlen
Belag:
125 g Pilze
4 EL Butter
Salz
schwarzer Pfeffer, frisch gemahlen
100 g Kräuterfrischkäse
2 EL Milch
1 Handvoll Rucola

ZUBEREITUNG

① Das Laugengebäck vom Salz befreien, klein schneiden und in eine große Schüssel geben. Eier und Milch verquirlen und über die Brotwürfel schütten.

② Schalotte schälen und klein schneiden. Schalotten und Petersilie hinzufügen und die Mischung kräftig verrühren. Die Masse mit Salz und Pfeffer würzen und etwa 30 Minuten ziehen lassen.

③ Die Knödelmasse in 3 Portionen teilen. Jeweils einen Bogen Alufolie ausbreiten, darauf eine Lage Frischhaltefolie legen und jeweils eine Portion der Masse der Länge nach darauf verteilen. Die Masse in die Frischhaltefolie wickeln und die Enden fest zusammendrehen, so dass der Knödelteig fest komprimiert wird. Denselben Schritt mit der Alufolie wiederholen und erneut durch Drehen der Folienenden fest verschließen. Die Breznknödel-Päckchen in siedendem Wasser etwa 20 Minuten gar ziehen lassen.

④ Nach Ende der Kochzeit die Knödel kurz abkühlen lassen, vorsichtig auspacken und in etwa 1,5 cm dicke Scheiben schneiden.

⑤ Für den Belag die Pilze putzen, in Scheiben schneiden und in der Butter anbraten. Mit Salz und Pfeffer würzen.

⑥ Kräuterfrischkäse mit Milch glatt rühren und einen Klecks davon auf jede der Breznknödel-Scheiben geben.

⑦ Breznknödel mit den gebratenen Pilzen belegen, 1–2 Blätter Rucola darauf geben und alles mit einem kleinen Holzspieß fixieren.

Kartoffelstampf-Bällchen

🕐 ca. 1 Stunde

Was machen mit übrig gebliebenem Kartoffelbrei? Wie wäre es beispielsweise mit Kartoffelstampf-Bällchen? Mit ein paar wenigen, zusätzlichen Zutaten lassen sie sich in wenigen Minuten zubereiten und machen aus dem Kartoffel-brei vom Vortag ein kleines Geschmackserlebnis.

ZUTATEN

Ergibt etwa 40–45 Stück
1 kg mehlig kochende Kartoffeln
Salz
2 EL Butter
50 ml Milch
2 Eigelb
100 g Mehl
30 g Parmesan, fein gerieben
Muskatnuss, frisch gerieben
50 g Semmelbrösel
8 EL Pflanzenöl

ZUBEREITUNG

① Kartoffeln waschen, schälen, achteln und in reichlich Salzwasser etwa 25 Minuten weich kochen. Kartoffeln abgießen.

② Dann Butter und Milch dazugeben und die Kartoffeln mit einem Kartoffelstampfer zu einem festen Kartoffelbrei stampfen. Beiseite-stellen und lauwarm abkühlen lassen.

③ Anschließend Eigelb, Mehl und den geriebenen Parmesan hinzu-fügen und verrühren. Mit Salz und Muskat würzen.

④ Semmelbrösel auf einen tiefen Teller geben.

⑤ Mit den Händen etwas Kartoffelbrei abstechen, zu einem Bällchen rollen und kurz durch die Semmelbrösel ziehen, so dass die Bällchen mit einer leichten Panadeschicht überzogen sind. So weiter verfahren, bis der ganze Kartoffelstampf aufgebraucht ist.

⑥ Die halbe Menge des Öls in einer beschichteten Pfanne erhitzen und die Bällchen darin rundherum knusprig braun anbraten. Die zweite Hälfte ebenso zubereiten.

⑦ Die Kartoffelstampf-Bällchen nach dem Braten auf Küchenpapier kurz abtropfen lassen und warm mit etwas Ketchup zum Dippen servieren.

Ofenkartoffel am Spieß

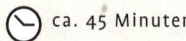 ca. 45 Minuten

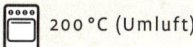 200 °C (Umluft)

Der Biergartenklassiker ist nicht nur ganz wunderbar anzusehen, sondern schmeckt auch noch wü___g und kross. Die Zubereitung der spiralförmig eingeschnittenen Kartoffeln sieht kompliziert aus, gelingt aber tatsächlich ganz einfach. Ein cremiger Kräuterdip aus Quark und Schmand sorgt für wunderbaren Fingerfood-Genuss.

ZUTATEN

Ergibt 6 Spieße
12 junge Kartoffeln
2 Knoblauchzehen
50 ml Rapsöl
3 EL gemischte Kräuter, gehackt (z. B Schnittlauch, Petersilie, etc.)
Salz
schwarzer Pfeffer, frisch gemahlen
250 g Magerquark
100 g Schmand

ZUBEREITUNG

① Kartoffeln waschen, aber nicht schälen. Je 2 Kartoffeln auf 6 Grillspieße aus Metall aufspießen und die Kartoffeln spiralförmig einschneiden, indem man den Spieß beim Schneiden immer wieder etwas dreht.

② Den Backofen auf 200 °C (Umluft) vorheizen.

③ Knoblauch schälen und pressen. Öl, die Hälfte des Knoblauchs, 1 EL Kräuter, Salz und Pfeffer verrühren, die Kartoffelspieße auf ein mit Backpapier belegtes Blech legen und großzügig mit der Marinade einpinseln. Anschließend 25–30 Minuten im Backofen backen.

④ Aus Magerquark, Schmand, restlichem Knoblauch, 2 EL Kräuter, Salz und Pfeffer einen Dip zubereiten.

⑤ Nach Ende der Garzeit die Ofenkartoffeln am Spieß auf einer Servierplatte oder einem Tablett anrichten und mit dem Dip servieren.

Mini-Fleischpflanzerl

Bayerischer Klassiker

🕐 ca. 30 Minuten
+ 1 Stunde Kühlzeit

Egal ob Fleischpflanzerl in Altbayern oder Fleischküchle in Nordbayern, dieses Gericht aus Hackfleisch ist äußerst beliebt bei Jung und Alt und aus der bayerischen Küche nicht wegzudenken. Die Mini-Fleischpflanzerl am Spieß lassen sich perfekt in würzige Dips und Soßen tunken und schmecken warm wie kalt köstlich.

ZUTATEN

Ergibt etwa 25–30 Stück
1 Zwiebel
500 g gemischtes Hack-
fleisch
1 Knoblauchzehe
50 g Semmelbrösel
1 Ei
½ Bund frische Petersilie,
fein gehackt
Salz
schwarzer Pfeffer, frisch
gemahlen
3 EL Mehl
4 EL Pflanzenöl

ZUBEREITUNG

① Zwiebel schälen und mit einer Gemüsereibe fein reiben. Zum Hack-fleisch in eine große Schüssel geben. Knoblauch schälen und pressen.
② Knoblauch, Semmelbrösel, Ei und Petersilie hinzufügen und die Fleischmasse mit den Händen gut durchkneten.
③ Den Fleischpflanzerlteig mit Salz und Pfeffer würzen, nochmals kurz durchkneten und für etwa 1 Stunde in den Kühlschrank stellen.
④ Anschließend mit feuchten Händen etwa walnussgroße Fleisch-pflanzerl rollen.
⑤ Mehl in einen tiefen Teller geben und die Hackbällchen einmal kurz darin rollen, so dass sie mit einer leichten Mehlpanade überzogen sind. Überschüssiges Mehl abklopfen.
⑥ Öl in einer Pfanne erhitzen und die Mini-Fleischpflanzerl darin knusprig braun braten. Die Pfanne dabei immer wieder leicht schwen-ken, so dass die Fleischpflanzerl rundherum braten.
⑦ Die gebratenen Fleischpflanzerl auf eine Lage Küchenpapier geben und anschließend am Spieß mit etwas Ketchup zum Dippen servieren.

Leberkäs-Semmel mit Spiegelei

🕐 ca. 20 Minuten

Die Leberkäs-Semmel gehört neben dem Knödel zweifellos zu den traditionellen Fast-Food-Gerichten, schließlich steht sie schon seit über 200 Jahren auf dem bayerischen Speiseplan. Bei diesem Rezept kommt die sonst eher minimalistische Leberkäs-Semmel etwas opulenter daher, dafür schmeckt sie aber auch wie essbares Glück zwischen zwei Semmelhälften.

ZUTATEN

Für 4 Personen
1 Handvoll Feldsalat
½ Salatgurke
½ Bund Radieschen
1 EL neutrales Pflanzenöl
4 Scheiben Leberkäs zum Anbraten
4 Eier
4 Laugensemmeln
Senf und/oder Ketchup
Salz
schwarzer Pfeffer, frisch gemahlen
½ Bund Schnittlauch, fein geschnitten

ZUBEREITUNG

① Feldsalat waschen und putzen. Gurke und Radieschen ebenfalls waschen, putzen und in dünne Scheiben schneiden.

② Das Öl in einer beschichteten Pfanne erhitzen und den Leberkäs von beiden Seiten goldbraun anbraten. Auf einem Teller abgedeckt warm halten.

③ Die Pfanne zurück auf die heiße Herdplatte stellen und 4 Spiegeleier darin braten.

④ Die Laugensemmeln aufschneiden. Jeweils die untere Hälfte mit Ketchup oder Senf bestreichen, Feldsalat darauflegen und darüber eine Schicht Gurkenscheiben gefolgt von einer Lage Radieschenscheiben schichten.

⑤ Sobald die Spielgeier fertig sind, jeweils eine Scheibe gebratenen Leberkäs sowie ein Spiegelei auf jedes belegte Laugenbrötchen geben. Mit Salz, Pfeffer und Schnittlauchröllchen bestreuen, die zweite Brötchenhälfte darauf setzen und warm genießen.

Herzhafte Bratwurst-Spieße

🕐 ca. 20 Minuten

Es gibt zweifellos viele Möglichkeiten eine Bratwurst zu servieren: mit Kartoffelsalat, Sauerkraut, in der Semmel oder zu Salat. Für dieses Rezept wurde die Bratwurst gemeinsam mit ein paar knackig-frischen Begleitern aufgespießt und anschließend scharf angebraten. Schmeckt köstlich anders!

ZUTATEN

Für 4 Personen
6–8 Rostbratwürste
1 Bund Lauchzwiebeln
1 Zucchini
2 kleine Paprika (rot und gelb)
etwa 4–6 Champignons
6 EL Olivenöl
Salz
schwarzer Pfeffer, frisch gemahlen
2 EL Petersilie, fein gehackt

ZUBEREITUNG

① Bratwürste in etwa 4–5 cm große Stücke schneiden. Das Gemüse waschen, putzen und in mundgerechte Stücke schneiden.
② 8 Grill- oder Schaschlikspieße aus Metall oder Holz bereitlegen und die Gemüse- und Bratwurststücke abwechselnd vorsichtig aufspießen.
③ Aus 4 EL Olivenöl, Salz, Pfeffer und gehackter Petersilie eine Marinade zubereiten und die Bratwurstspieße damit einpinseln.
④ Das restliche Olivenöl in einer (Grill-)Pfanne erhitzen und die Bratwurstspieße darin rundherum anbraten, bis sie durchgegart sind. Warm servieren.

Mein Tipp:
Die Bratwurstspieße schmecken hervorragend zu Pommes frites oder Kartoffelecken.

Nuss-Nougat-Bällchen

🕐 ca. 45 Minuten

Diese süße Mehlspeise hat ihren Ursprung zwar vermutlich eher in der österreichischen Küche, sie hat sich aber auch in der bayerischen Küche als Zwetschgen- und Aprikosenknödel schon lange etabliert. Bei dieser schokoladigen Knödelversion wird der Teig mit feinster Nougatschokolade gefüllt und in einer Mischung aus Nüssen, Semmelbröseln und Zucker gewälzt.

ZUTATEN

Ergibt etwa 20 Stück
Knödel:
25 g weiche Butter
250 g Quark
1 Ei
150 g Mehl
Salz
1 Päckchen Vanillezucker
20 Schokokugeln mit Nougatfüllung bzw. -pralinen (z. B. von Lindt)
Bröselmischung:
30 g Butter
30 g Semmelbrösel
30 g gemahlene Nüsse
1 EL Zucker
Puderzucker zum Bestäuben

ZUBEREITUNG

① Weiche Butter, Quark, Ei, Mehl, 1 Prise Salz und Vanillezucker zu einem glatten Teig verkneten.
② Jeweils 1 gehäuften Esslöffel Teig abstechen, diesen zu einem Bällchen rollen und mit dem Daumen eine Mulde hineindrücken.
③ Eine kleine Schokokugel in die Mulde setzen, diese mit den Fingern vorsichtig verschließen, so dass die Schokolade vollständig vom Teig umhüllt ist. Den gefüllten Quarkteig mit den Händen wieder zu einem wohlgeformten Knödel rollen.
④ Salzwasser in einem großen Topf erhitzen und einmal aufkochen. Nun die Temperatur herunterschalten und die gefüllten Nougat-Knödel in das siedende Wasser geben und etwa 15–20 Minuten ziehen lassen.
⑤ Für die Bröselmischung die Butter in einer beschichteten Pfanne erhitzen. Semmelbrösel, gemahlene Nüsse und Zucker hinzufügen und etwa 5 Minuten rösten.
⑥ Die fertigen Knödel mit einer Schaumkelle aus dem Wasser holen, kurz abtropfen lassen und in die Bröselmischung geben. Pfanne mit den Knödeln hin und her schwenken, so dass die Knödel rundum mit den Bröseln überzogen werden.
⑦ Nuss-Nougat-Knödel auf kleine Holzspieße piksen, mit Puderzucker bestäuben und im Glas servieren.

Apfel-Zimt-Waffeln am Stiel

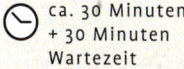

Für Kindergeburtstage

🕐 ca. 30 Minuten
+ 30 Minuten
Wartezeit

Weil das Apfelmus bei diesen herzigen Waffeln schon im Teig steckt, schmecken sie schön fruchtig und lassen sich praktisch und gleichzeitig sehr hübsch mit etwas Puderzucker bestäubt am Stiel servieren. Nicht nur perfekt für den nächsten Kindergeburtstag!

ZUTATEN

Ergibt etwa 8 Waffeln
bzw. 40 Waffelherzen am
Stiel
3 Eier
100 g Zucker
1 Päckchen Vanillezucker
125 g weiche Butter
250 g Mehl
1 TL Backpulver
½ TL Zimt
1 Prise Salz
200 ml Milch
1 Gläschen Apfel-Pfirsich-
Babybrei (190 g)
Butter für das Waffel-
eisen
Puderzucker

ZUBEREITUNG

① Eier, Zucker und Vanillezucker schaumig rühren. Die weiche Butter unterrühren. Mehl, Backpulver, Zimt und Salz vermischen und unterrühren.
② Milch und Apfelbrei im Wechsel hinzufügen und vorsichtig untermischen.
③ Den Teig etwa 30 Minuten quellen lassen und anschließend die Waffeln in einem leicht mit Butter gefetteten Waffeleisen ausbacken.
④ Die Waffeln kurz auf einem Gitter abkühlen lassen, anschließend an den Perforierungen in kleine Herzen teilen und jedes Herz auf ein langes Holzstäbchen spießen.
⑤ Die Waffelherzen zum Servieren in hohe Becher oder Tassen stellen und leicht mit Puderzucker bestäuben.

Steckerl-Kuchen

Für Kindergeburtstage

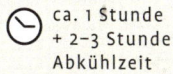 ca. 1 Stunde
+ 2–3 Stunden
Abkühlzeit

 180 °C (Ober-/
Unterhitze)

Und noch ein Gericht aus der Kategorie: Was man alles am Stiel essen kann. Der Marmorkuchen wird durch diese besondere Art ihn zu servieren zu einem außergewöhnlichen Kuchendessert und wunderbar schmecken tut's mit dem dicken Schokoüberzug und den knusprigen Nüssen sowieso.

ZUTATEN

Ergibt 8–10 Stück
200 g weiche Butter
200 g Zucker
1 Prise Salz
4 zimmerwarme Eier
200 g Mehl
1 TL Backpulver
2 EL Back-Kakaopulver
200 Schokoglasur oder
Kuvertüre
gehackte Mandeln und
Nüsse zum Garnieren
Butter und Mehl für die
Form

ZUBEREITUNG

① Den Backofen auf 180 °C (Ober-/Unterhitze) vorheizen.

② Weiche Butter, Zucker und Salz mit einem Handrührgerät schaumig rühren. Die Eier nach und nach hinzufügen und unterrühren.

③ Mehl und Backpulver über die Butter-Ei-Mischung sieben und mit dem Teigschaber kurz einarbeiten. Die Hälfte des Teiges in eine gefettete und mehlierte Kastenbackform füllen.

④ Unter die andere Teighälfte das Kakaopulver rühren. Anschließend den dunklen Teig in die Form füllen und einen Teelöffel durch beide Teigschichten drehen und ziehen.

⑤ Den Kuchen im vorgeheizten Backofen etwa 45–50 Minuten backen. Den Kuchen nach der Backzeit etwa 15 Minuten in der Form und anschließend auf einem Kuchengitter vollständig abkühlen lassen.

⑥ Den abgekühlten Kuchen in 1,5 cm dicke Scheiben schneiden und vorsichtig auf kleine Eis-Holzstäbchen stecken.

⑦ Schokoglasur nach Packungsanweisung schmelzen und die Kuchenscheiben großzügig rundherum damit überziehen. Mit gehackten Nüssen bestreuen und auf einem Kuchengitter fest werden lassen.

Mein Tipp:

Die Eis-Holzstäbchen findet man meist in Bastelläden. Wer etwas mehr Zeit hat, kann im Sommer Eis-Stäbchen sammeln, sobald man zu Hause oder unterwegs in den Genuss von Eis am Stiel kommt.

Schoko-Äpfel

🕐 ca. 30 Minuten
+ Abkühlzeit

Weil mit Schokolade überzogene Früchte für mich zu jedem Oktoberfestbesuch dazugehören, dürfen sie auch auf keinem bayerischen Fingerfood-Büfett fehlen. Hier haben sich knackige Äpfel ein Mäntelchen aus feiner Vollmilchschokolade übergezogen. Noch ein paar gehackte Nüsse, Zuckerstreusel oder zerhackte Bonbons darüberstreuen und schon ist das Schokoladenglück perfekt.

ZUTATEN

Ergibt 8 Stück
8 Äpfel
Zuckerstreusel, Bonbonbruch, gehackte Nüsse
etc. zum Verzieren
200 g Schokokuvertüre

ZUBEREITUNG

① Die Äpfel waschen, trocknen und auf stabile Holzspieße spießen.
② Streusel, Nüsse, gehackte Bonbons etc. in separaten Gefäßen bereitlegen.
③ Schokokuvertüre nach Packungsanweisung über dem Wasserbad schmelzen.
④ Die Äpfel nach und nach mit der Schokolade überziehen, indem man sie entweder hineintaucht oder mit einem Löffel rundherum Schokolade träufelt und den Apfel dabei immer wieder mit leichten Drehbewegungen wendet.
⑤ Zügig jeden Apfel mit den gewünschten Streuseln etc. bestreuen und auf ein Kuchengitter stellen, damit die Schokolade fest werden kann.

Mein Tipp:

Die Schokoäpfel sehen besonders hübsch aus, wenn man jeden Spieß noch mit etwas Schleifenband umwickelt. Dafür einfach eine beliebige Anzahl an etwa 10–15 cm langen Bändern zurechtschneiden und diese vorsichtig um die Enden der Holzstiele binden.

Am Stück

Nach zahlreichen Rezeptideen fürs Brot, Glas oder für den Spieß runden die Gerichte am Stück die Vielfalt der bayerischen Fingerfood-Rezepte ab. Käsespätzle in Muffinform, Brezn-Wiener und Zwetschgendatschi-Tartelettes sind meine persönlichen Favoriten des letzten Genuss-Kapitels von „Fingerfood – bayerisch gut". Sie schmecken nicht nur vorzüglich, sondern passen auch noch ohne viel Schnickschnack in die Hand und können zur Not auch unterwegs gegessen werden. Ein wunderbares Ess-Vergnügen!

Meine Lieblinge in diesem Kapitel sind
die Brezn-Wiener
und der Mini-Apfelstrudel.

Brezn-Wiener

Für Kindergeburtstage

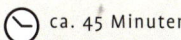 ca. 45 Minuten

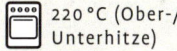 220 °C (Ober-/ Unterhitze)

Diese wunderbare Mischung aus Laugengebäck und Wiener Würsten ist besonders bei Kindern, aber auch bei vielen Erwachsenen sehr beliebt. Egal ob Kindergeburtstag, Picknick oder auf Reisen, die Brezn-Wiener sind schnell und unkompliziert zubereitet, liegen gut in der Hand und schmecken dabei auch noch hervorragend.

ZUTATEN

Ergibt 10 Stück
10 Wiener Würstchen
10 Tiefkühlbrezn
grobes Salz

ZUBEREITUNG

① Den Backofen auf 220 °C (Ober-/Unterhitze) vorheizen.

② Tiefkühlbrezn nebeneinander auf Backpapier legen und etwa 15–20 Minuten leicht auftauen lassen.

③ Anschließend die Brezn aufdrehen und die lange Teigwurst um ein Wiener Würstchen wickeln. Dabei oben anfangen, den Teiganfang nach einer Drehung um das Wienerle mit leichtem Druck fixieren, und so lange weiterwickeln, bis das Würstchen vollständig umschlossen ist. Idealerweise sollten nur noch an den Enden ein paar Zentimeter Würstchen zu sehen sein.

④ Die Brezn-Wiener mit etwas grobkörnigem Salz bestreuen und im vorgeheizten Backofen etwa 15 Minuten goldbraun backen. Vor dem Servieren kurz abkühlen lassen und warm auf den Tisch bringen.

Mein Tipp:

Die Brezn-Wiener schmecken warm am allerbesten, können aber auch für einen Ausflug oder eine längere Reise als Brotzeit vorbereitet werden. Die fertigen Brezn-Wiener dafür am besten komplett abkühlen lassen und in einer Papiertüte bis zum Verzehr transportieren.

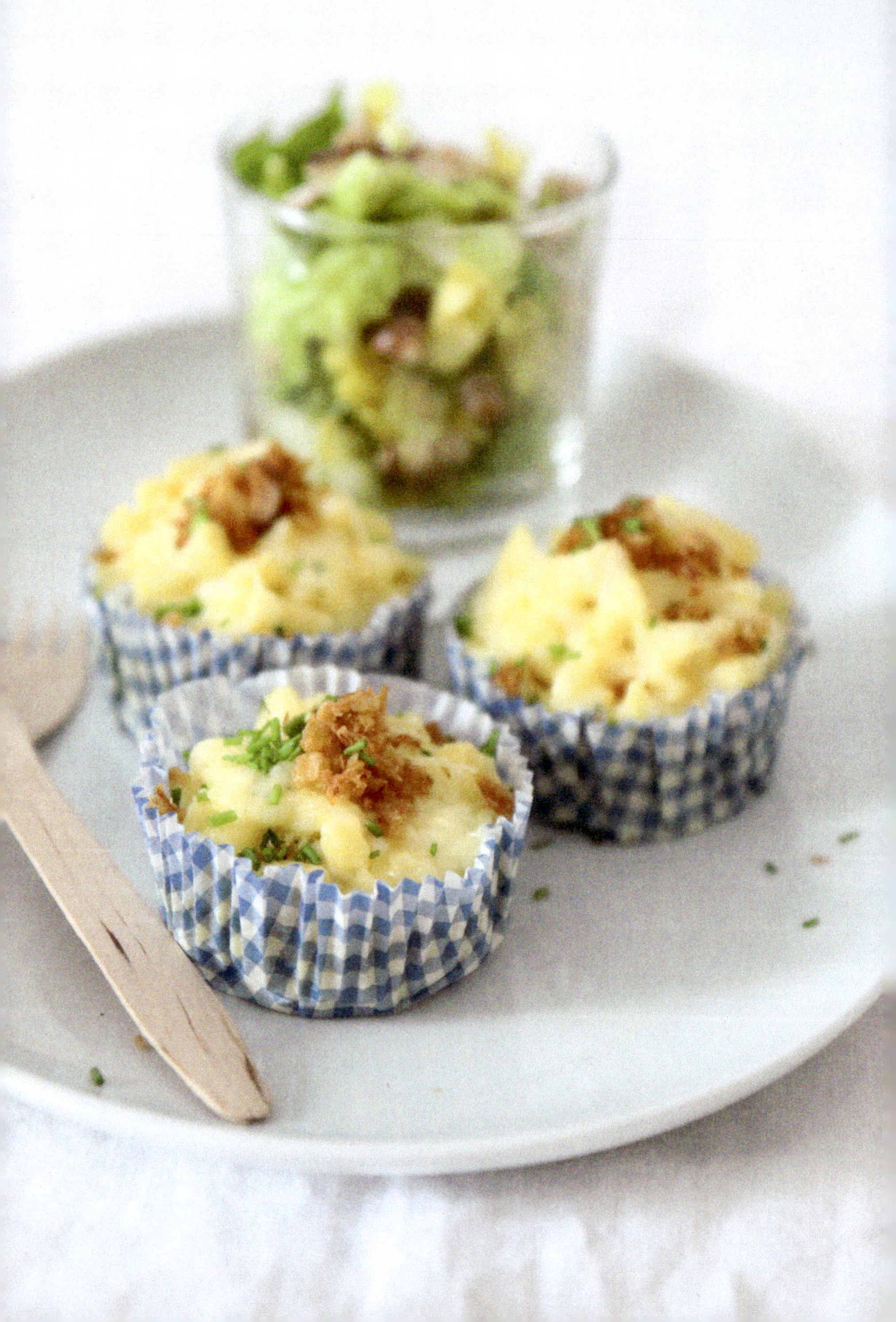

Käsespätzle-Muffins

Für Kindergeburtstage

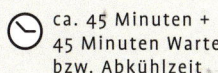 ca. 45 Minuten +
45 Minuten Warte-
bzw. Abkühlzeit

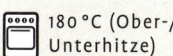 180 °C (Ober-/
Unterhitze)

Erfunden in Schwaben, verfeinert durch die Allgäuer und egal ob geschabt, gepresst oder gehobelt gehören Käsespätzle zweifellos zu einem dieser Gerichte, die einen im Nu nicht nur satt, sondern auch glücklich machen. Bei diesem Rezept werden die Käsespätzle in Muffinförmchen gebacken. Das sieht nicht nur hübsch aus, sondern ist auch noch überaus praktisch zum Essen oder Mitnehmen.

ZUTATEN

Ergibt ca. 12–15 Muffins
400 g Mehl
6 Eier
Salz
200 ml Sprudelwasser
50 g Sahne
4 EL Röstzwiebeln
1 Bund Schnittlauch, fein gehackt
200 g Bergkäse und/oder Emmentaler, gerieben
schwarzer Pfeffer, frisch gemahlen

ZUBEREITUNG

① Mehl, 4 Eier, 1 TL Salz und Mineralwasser zu einem zähflüssigen Teig verarbeiten. Den Teig anschließend 15 Minuten ruhen lassen.
② Einen großen Topf mit Salzwasser zum Kochen bringen.
③ Den Spätzleteig mit Hilfe eines Spätzlehobels oder -schabers portionsweise in das kochende Wasser fallen lassen. Die Spätzle sind fertig, sobald sie an der Wasseroberfläche schwimmen. Dann mit einem Schaumlöffel aus dem Wasser holen, abtropfen lassen, in eine Schüssel geben und abkühlen lassen.
④ Den Backofen auf 180°C (Ober-/Unterhitze) vorheizen.
⑤ 2 Eier in eine Schüssel geben und leicht verquirlen. Sahne, 2 EL Röstzwiebeln, 2 EL gehackten Schnittlauch und den geriebenen Käse dazugeben und gut verrühren. Leicht mit Salz und Pfeffer abschmecken.
⑥ Sobald die Spätzle etwas abgekühlt sind, die Ei-Käse-Mischung darübergeben und kräftig unterrühren.
⑦ Ein Muffin-Backblech mit Papierförmchen auslegen und diese bis knapp unter den Rand mit den Käsespätzle füllen.
⑧ Die Muffins im vorgeheizten Backofen etwa 10–15 Minuten backen, bis sie langsam eine goldbraune Farbe annehmen.
⑨ Die Käsespätzle-Muffins mit den restlichen Röstzwiebeln und frischem Schnittlauch bestreuen und servieren.

Weißwurst-Hotdogs

ca. 30 Minuten

Für alle, die sich vor dem gar nicht so einfachen Weiß-wurst-Zuzeln drücken wollen, ist dieser bayerische Hotdog die perfekte Alternative. Gurke, Radieschen, Petersilie, Röstzwiebeln und süßer Senf lassen den Weißwurst-Hotdog appetitlich aussehen und vor allem gut schmecken.

ZUTATEN

Ergibt 6 Hot-Dogs
6 Weißwürste
6 Laugenstangen
½ Salatgurke
½ Bund Radieschen
6 Essiggurken
1 Bund glatte Petersilie
süßer Senf
6 EL Röstzwiebeln

ZUBEREITUNG

① Wasser in einem Topf zum Kochen bringen. Die Temperatur herunter-schalten und die Weißwürste etwa 10 Minuten im nicht mehr kochenden Wasser ziehen lassen.

② Die Laugenstangen seitlich einschneiden, aber nicht ganz durch-trennen. Salatgurke und Radieschen waschen, evtl. putzen und beides in dünne Scheiben schneiden. Essiggurken der Länge nach in Scheiben schneiden. Petersilie waschen und zupfen.

③ Etwa 2 TL süßen Senf auf die Unterseite der Laugenstangen streichen und ein paar Blätter Petersilie darauflegen.

④ Die Weißwürste der Länge nach aufschneiden, aber nicht ganz durchtrennen, so dass sie sich wie die Laugenstangen aufklappen lassen. Würste in die Laugenstangen legen.

⑤ Den Hotdog mit Gurken- und Radieschenscheiben, 1–2 TL süßem Senf, den Essigurkenscheiben und Röstzwiebeln garnieren, zuklappen und sofort servieren.

Rahmfleckerl mit Speck

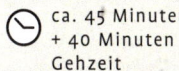 ca. 45 Minuten
+ 40 Minuten
Gehzeit

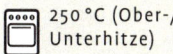 250 °C (Ober-/
Unterhitze)

Diese bayerische Streetfood-Variante eines rustikalen Flammkuchens konzentriert sich auf nur wenige ausgewählte Zutaten und schmeckt ursprünglich und herzhaft lecker. Schmandcreme, Lauchziebeln und Speck verleihen dem Flammkuchen einen bodenständigen und guten Geschmack, es darf aber gerne ganz nach Lust und Geschmacksvorlieben experimentiert werden.

ZUTATEN

Ergibt 8 Stück
500 g Mehl
250 ml lauwarmes
Wasser
1 Päckchen Trockenhefe
1 TL Zucker
Salz
2 EL Olivenöl
1 Bund Lauchzwiebeln
200 g Schmand
200 Crème fraîche
1 Ei
schwarzer Pfeffer, frisch
gemahlen
Muskatnuss, frisch
gerieben
125 g Speckwürfel
Mehl für die Arbeits-
fläche

ZUBEREITUNG

① Mehl, lauwarmes Wasser, Trockenhefe, Zucker, 1 TL Salz und Olivenöl in einer Schüssel gründlich vermischen und mit der Küchenmaschine oder dem Knethaken des Handrührers zu einem glatten Teig verkneten.

② Den Teig zu einer Kugel formen, mit etwas Mehl bestäuben und mit einem Küchentuch abgedeckt an einem warmen Ort etwa 20 Minuten gehen lassen. Anschließend nochmals kurz mit den Händen durchkneten und weitere 20 Minuten gehen lassen.

③ Den Backofen auf 250 °C (Ober-/Unterhitze) vorheizen und ein Blech mit Backpapier auslegen.

④ Lauchzwiebeln waschen, putzen und in feine Ringe schneiden.

⑤ Den Hefeteig in 8 Portionen teilen und auf einer bemehlten Arbeitsfläche zu dünnen, runden Fladen ausrollen und auf die Bleche legen.

⑥ Schmand, Crème fraîche und das Ei glatt rühren und mit Salz, Pfeffer und etwas Muskat würzen.

⑦ Die Fladen mit der Creme bestreichen und mit den Speckwürfen und der Hälfte der Lauchzwiebelringe belegen.

⑧ Rahmfleckerl im vorgeheizten Backofen etwa 20–25 Minuten knusprig backen. Vor dem Servieren die restlichen Lauchzwiebelringe darüberstreuen und warm genießen.

Reiberdatschi mit Lachs

Für Fisch-Liebhaber

🕐 ca. 45 Minuten

Die bayerischen Kartoffelpuffer lassen sich ganz besonders vielfältig servieren, denn sie schmecken sowohl herzhaft als auch süß. Für dieses Reiberdatschi-Rezept werden die Puffer etwas kleiner ausgebacken und mit Lachs und einem Joghurt-Dill-Dip serviert.

ZUTATEN

Für 4–6 Personen
Reiberdatschi:
1 kg Kartoffeln
1 Schalotte
2 Eigelb
3 EL Mehl
Salz
Pfeffer, frisch gemahlen
Butter oder Öl zum Ausbacken
Joghurt-Dill-Dip:
200 g Joghurt
100 g saure Sahne
1 Knoblauchzehe
1 Spritzer Zitronensaft
½ Bund Dill, fein gehackt
Salz
Pfeffer, frisch gemahlen
ca. 200 g Räucherlachs

ZUBEREITUNG

① Die Kartoffeln waschen und mit der Schale ungefähr 10–15 Minuten halbgar kochen. Abgießen, beiseitestellen und vollständig abkühlen lassen.

② Die abgekühlten Kartoffeln mit einer Gemüsereibe grob reiben. Die Schalotte schälen, ebenfalls reiben und mit den Kartoffeln vermischen. Eigelb, Mehl, Salz und Pfeffer gut unterrühren.

③ Butter oder Öl in einer Pfanne erhitzen. Mit einem Esslöffel kleine Portionen der Kartoffelmasse in das heiße Fett geben, vorsichtig platt drücken und die Reiberdatschi von beiden Seiten goldgelb anbraten. Die fertigen Reiberdatschi auf Küchenpapier abtropfen lassen.

④ Joghurt und saure Sahne verrühren. Knoblauch dazu pressen, Zitronensaft und die Hälfte des Dills hinzufügen und untermischen. Den Dip mit Salz und Pfeffer würzen und bis zum Servieren kühl stellen.

⑤ Die Reiberdatschi auf eine Servierplatte geben, jeweils mit einem Klecks Dip und etwas Lachs belegen und mit frischen Dillspitzen garnieren.

Bayerischer Zwiebelkuchen

Für Picknick & Biergarten

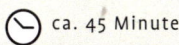 ca. 45 Minuten

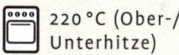 220 °C (Ober-/Unterhitze)

Der Zwiebelkuchen gehört vor allem im süddeutschen Raum zu einem beliebten Gericht, das sowohl kalt als auch warm gegessen werden kann. Dieses Rezept für bayerischen Zwiebelkuchen erlaubt ein paar kleine Abkürzungen und so steht er schon in weniger als 1 Stunde aromatisch duftend auf dem Tisch.

ZUTATEN

Ergibt 8 Stück

1 Portion Fertig-Hefe- bzw. Pizzateig aus dem Kühlregal
1 rote Zwiebel
200 g Crème fraîche
2 Eier
Salz
schwarzer Pfeffer, frisch gemahlen
½ Bund Schnittlauch, fein gehackt
125 g Speckwürfel

ZUBEREITUNG

① Den Backofen auf 220 °C (Ober-/Unterhitze) vorheizen. Eine Tarteform oder runde Springform (∅ 32 cm) mit Backpapier auslegen.

② Hefeteig zu einer Kugel kneten und rund ausrollen. Dies gelingt am besten, wenn man den Teig zwischen zwei Lagen Frischhaltefolie ausrollt. Den Teig in die Form legen und vorsichtig festdrücken, sodass sich ein leicht erhöhter Rand ergibt.

③ Die Zwiebel schälen und in Ringe schneiden.

④ Crème fraîche, Eier, Gewürze und die Hälfte des Schnittlauchs glatt rühren und gleichmäßig mit einem Teigschaber in der Form verteilen.

⑤ Den Teig mit Zwiebelringen und Speckwürfeln belegen und etwa 25–30 Minuten im vorgeheizten Backofen knusprig backen.

⑥ Anschließend auf einem Kuchengitter kurz abkühlen lassen und vor dem Servieren mit den restlichen Schnittlauchröllchen bestreuen.

Krustenbraten-Burger

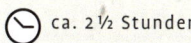 ca. 2 ½ Stunden

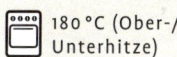 180 °C (Ober-/ Unterhitze)

Der Burger hat sich in den letzten Jahren vom verpönten Dickmacher zu einem an geschmacklicher Vielfalt glänzenden, gesellschaftsfähigen Gericht gewandelt. Diese bayerische Variante schmeckt dank feinem Krustenbraten, Röstgemüse und roten Zwiebeln "zünftig guad".

ZUTATEN

Für etwa 8–10 Burger
Schweinebraten:
1 kg Schweineschulter mit Schwarte
Salz
schwarzer Pfeffer, frisch gemahlen
2 TL grobkörniger Senf
2 EL Schweinebraten-Gewürz
2 Karotten
1 Lauchstange
2 Zwiebeln
6 Pilze
2 Knoblauchzehen
2 Lorbeerblätter
500 ml Fleischbrühe
500 ml Weißbier
Burger:
8–10 Laugensemmeln
1 Romana Salatherz
5 Essiggurken
1 rote Zwiebel
BBQ-Soße oder Ketchup
Röstzwiebeln

ZUBEREITUNG

① Den Backofen auf 180°C (Ober-/Unterhitze) vorheizen.
② Das Fleisch waschen, trocken tupfen und die Schwarte mit einem sehr scharfen Messer rautenförmig etwa 1 cm tief einschneiden.
③ Fleisch mit Salz und Pfeffer würzen, mit dem Senf und den Gewürzen sorgfältig einreiben und in die Mitte eines Bräters mit Deckel setzen.
④ Karotten, Lauch, Zwiebeln, Pilze und Knoblauch putzen, in grobe Stücke schneiden und rund um das Fleisch verteilen. Lorbeerblätter hinzufügen, den Braten mit der Hälfte der Fleischbrühe sowie der Hälfte des Weißbiers aufgießen und im vorgeheizten Backofen bei geschlossenem Deckel etwa 1 ½ Stunden braten.
⑤ Nach 1 Stunde damit beginnen, den Braten immer wieder mit dem Bratensaft zu begießen.
⑥ Nach 1 ½ Stunden die Ofentemperatur auf 200–220°C erhöhen, die restliche Fleischbrühe und das Bier hinzugießen und den Braten weitere 30 Minuten ohne Deckel zu Ende braten.
⑦ Die Laugensemmeln aufschneiden, Salat waschen und trocken schütteln. Essiggurken längs in Scheiben schneiden. Zwiebel schälen und in Ringe schneiden.
⑧ Nach Ende der Garzeit den Braten mit einem scharfen Messer in Scheiben schneiden.
⑨ Die Krustenbraten-Burger in dieser Reihenfolge belegen: 1 EL BBQ-Soße oder Ketchup, 1 Salatblatt, 1 Scheibe Krustenbraten, Zwiebelringe, etwas geröstetes Gemüse aus dem Bräter, Essiggurken, BBQ-Soße und Röstzwiebeln. Burger mit der anderen Brötchenhälfte schließen und servieren.

Mini-Schnitzel mit Gurkendip

Bayerischer Klassiker

🕐 ca. 30 Minuten

Das Schnitzel ist weltberühmt und auch in Bayern ein fester Bestandteil der traditionellen Wirtshausküche. Für die Fingerfood-Variante servieren wir es als Mini-Schnitzel mit Gurkendip. Einfach und richtig gut!

ZUTATEN

Für etwa 6–8 Personen als Snack
200 g saure Sahne
100 g Joghurt
½ Salatgurke
1 Knoblauchzehe
2 EL Schnittlauchröllchen
Salz
schwarzer Pfeffer, frisch gemahlen
500 g Schweinelende
50 g Mehl
2 Eier
100 g Semmelbrösel
6 EL Butterschmalz
1 Zitrone, in Achtel geschnitten

ZUBEREITUNG

① Für den Gurkendip saure Sahne und Joghurt verrühren. Salatgurke in feine Streifen hobeln und unterheben. Knoblauch pressen und mit den Schnittlauchröllchen hinzufügen. Mit Salz und Pfeffer abschmecken. Beiseitestellen.

② Das Fleisch waschen, trocken tupfen und in 1 cm dicke Scheiben schneiden. Die Schweineschnitzel mit der Rückseite einer kleinen Bratpfanne klopfen, so dass sie nur noch etwa 0,5 cm dick sind. Jedes Schnitzel halbieren und mit Salz und Pfeffer würzen.

③ Die Panierstation, bestehend aus einem Teller mit Mehl, einem mit den verquirlten Eiern und einem weiteren Teller mit den Semmelbröseln, bereitstellen.

④ Die Mini-Schnitzel in 2 Durchgängen braten. Pro Durchgang jeweils 3 EL Butterschmalz in einer Pfanne erhitzen und die Schweineschnitzel rundum knusprig braten. Anschließend auf Küchenpapier abtropfen lassen.

⑤ Die Mini-Schnitzel auf einer Servierplatte oder in einer Kastenbackform mit dem Gurkendip und Zitronenachteln servieren.

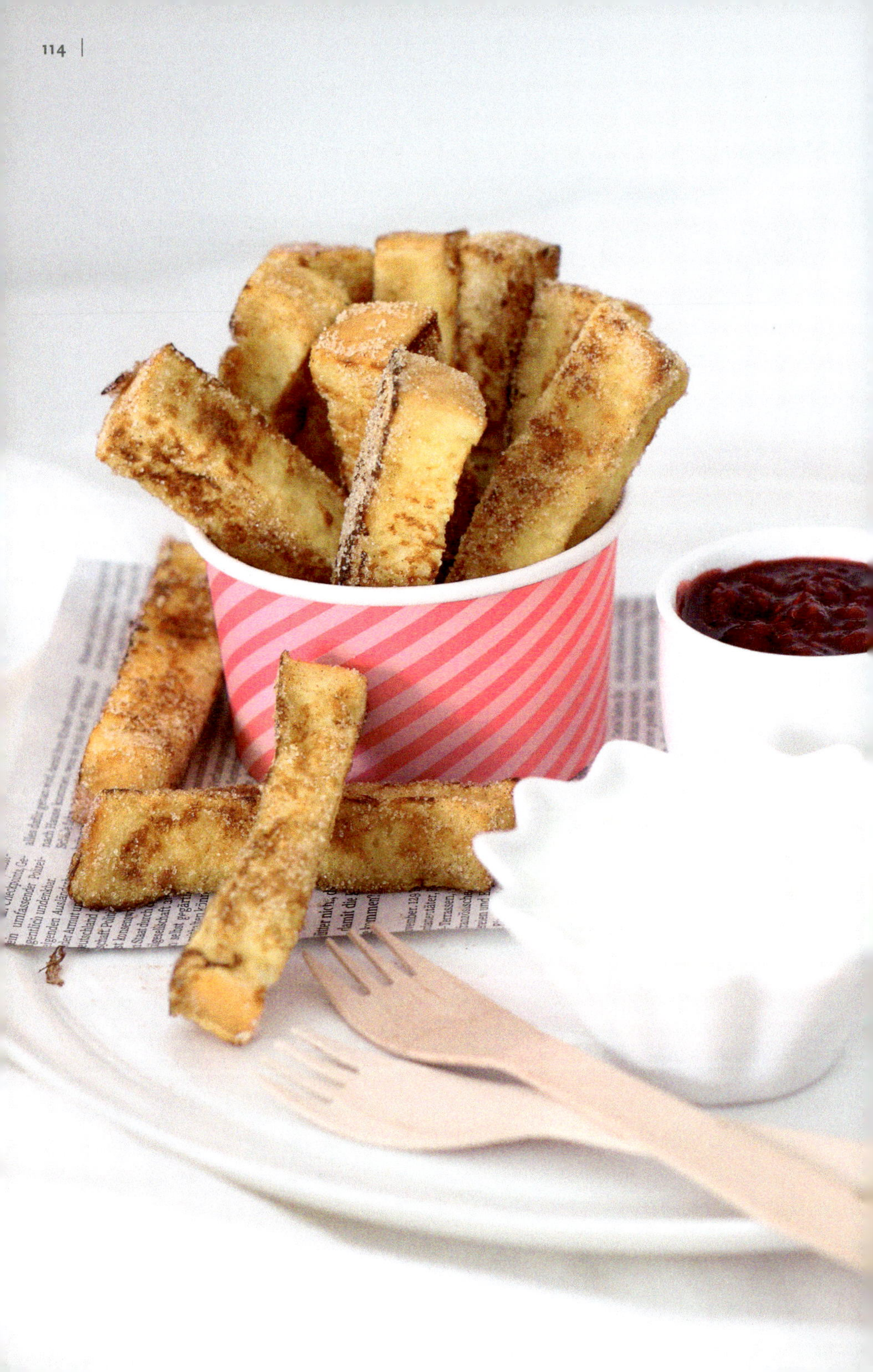

Arme-Ritter-Pommes mit Himbeersoße

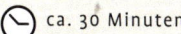 ca. 30 Minuten

Schon die Gebrüder Grimm freuten sich über dieses einfache Gericht aus weichen und gleichzeitig knusprig gebackenen Weißbrotscheiben. Das einfache Gericht aus Kindheitstagen serviere ich gern als Arme-Ritter-Pommes mit fruchtig süßer Himbeersoße zum Tunken und Naschen.

ZUTATEN

Für 4 Personen als Snack

4 dicke Scheiben Kasten-weißbrot

2 Eier

50 ml Milch

1 Päckchen Vanillezucker

½ weiche Banane

30 g Zucker

½ Zimt

2 EL Butter

200 g Himbeeren (frisch oder TK)

3 EL Himbeermarmelade

ZUBEREITUNG

① Die Weißbrotscheiben auf kleinster Stufe toasten. Das abgekühlte Weißbrot in Streifen schneiden.

② Eier, Milch, Vanillezucker und Banane mit einem Pürierstab oder der Küchenmaschine zu einer sämigen Mischung verarbeiten und auf einen tiefen Teller geben. Zucker und Zimt auf einem zweiten Teller vermischen.

③ 1 EL Butter in einer Pfanne erhitzen. Die Hälfte der Brotstreifen kurz durch die Ei-Milch-Mischung ziehen und in der heißen Butter von allen Seiten knusprig anbraten.

④ Die gebackenen Arme-Ritter-Pommes in der Zucker-Zimt-Mischung wälzen und auf eine Servierplatte geben. Mit der zweiten Hälfte der Brot-Streifen ebenso verfahren.

⑤ Himbeeren mit der Himbeermarmelade erhitzen, einmal aufkochen lassen und als Dip zu den Arme-Ritter-Pommes servieren.

Mini-Apfelstrudel

Bayerischer Klassiker

 ca. 45 Minuten

 200 °C (Ober-/ Unterhitze)

Klein, aber doppelt so fein ist das Motto dieser traditionellen Mehlspeise und so backen wir anstatt eines großen Strudels einfach 16 kleine Minis. Die kleinen Apfelstrudel schmecken pur, mit Puderzucker bestäubt oder in Vanillesoße gedippt und sind zudem perfekte Biergarten- und Picknick-Begleiter oder ein süßer Snack für zwischendurch.

ZUTATEN

Ergibt 16 Stück
3 mittelgroße Äpfel
Saft von ½ Zitrone
40 g Zucker
1 Päckchen Vanillezucker
½ TL Zimt
1 EL Stärke
1 kleine Handvoll Mandelblättchen
1 Packung Strudelteig
(4 Blätter = 120 g)
30 g zerlassene Butter
Puderzucker zum Bestäuben

ZUBEREITUNG

① Äpfel waschen, schälen, vierteln, entkernen und in dünne Scheiben schneiden. In eine Schüssel geben und sofort mit dem Zitronensaft beträufeln.

② Zucker, Vanillezucker, Zimt, Stärke und Mandeln dazugeben und vermengen. Beiseitestellen.

③ Den Backofen auf 200 °C (Ober-/Unterhitze) vorheizen.

④ 2 Strudelteigblätter entfalten. Ein Küchentuch mit Wasser befeuchten, auf der Arbeitsplatte ausbreiten und ein trockenes Tuch darüberlegen. Das erste Strudelteigblatt daraufgeben und mit etwas zerlassener Butter bestreichen. Zügig das zweite Blatt darüberlegen.

⑤ Die beiden Strudelblätter mit einem Messer in 8 gleich große Stücke schneiden und jeweils auf die untere Hälfte eines Teigstückes etwas Apfelmasse verteilen. Die seitlichen Teigenden einschlagen und die Mini-Strudel vorsichtig von unten nach oben einrollen.

⑥ Die kleinen Apfelstrudel mit der Öffnung nach unten auf ein mit Backpapier belegtes Backblech legen und im vorgeheizten Backofen etwa 15–20 Minuten knusprig backen.

⑦ Mini-Apfelstrudel nach der Backzeit kurz auf dem Blech abkühlen lassen und vor dem Servieren mit etwas Puderzucker bestäuben.

Mein Tipp:
Wer möchte, kann die Mini-Apfelstrudel mit etwas Vanillesoße oder frischem Vanillepudding als Dip servieren.

Kleine Lebkuchenherzen

Für Knabberspaß

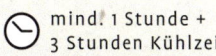 mind. 1 Stunde +
3 Stunden Kühlzeit

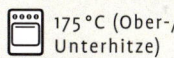 175 °C (Ober-/
Unterhitze)

Bayern ist auch bekannt als die Heimat des Lebkuchens, denn nirgendwo anders werden so viele Lebkuchen gebacken wie hier. Diese kleinen Lebkuchenherzen erinnern an die kunstvoll verzierten Oktoberfest-Herzen. Sie sind schnell gebacken und dank Zuckerguss und Esspapier-Blüten auch im Nu hübsch verziert.

ZUTATEN

Variabel – je nach Größe
der Ausstechform
150 g Honig
150 g Zucker
1 Päckchen Lebkuchen-
gewürz
2 TL Zimt
250 g kalte Butter
600 g Mehl
2 TL Backpulver
1 Prise Salz
1 großes Ei
Dekoration:
1 Eiweiß
200 g Puderzucker
Dekoblüten aus Ess-
papier, Streusel, Mandeln
usw.

ZUBEREITUNG

① Honig, Zucker, Lebkuchengewürz und Zimt kurz aufkochen und in eine große Schüssel füllen. Butter in Würfeln unter ständigem Rühren hinzufügen. Die Honig-Butter-Mischung lauwarm abkühlen lassen.

② Mehl, Backpulver und Salz vermischen und zur abgekühlten Zucker-masse geben. Das Ei hinzufügen und alle Zutaten mit der Küchen-maschine oder den Knethaken des Handrührers zu einem glatten Teig verarbeiten.

③ Den Teig in Klarsichtfolie wickeln und für mindestens 2 Stunden in den Kühlschrank legen.

④ Den Backofen auf 175 °C (Ober-/Unterhitze) vorheizen.

⑤ Nach der Kühlzeit den Lebkuchenteig in 4 Portionen teilen. Eine Portion auf einer bemehlten Arbeitsfläche etwa 0,5 cm dick ausrollen, den restlichen Teig bis zur Weiterverarbeitung zurück in den Kühlschrank stellen.

⑥ Lebkuchenherzen aus dem Teig ausstechen und diese sorgfältig auf ein mit Backpapier belegtes Blech legen. Dabei zügig arbeiten, da der Teig bei Raumtemperatur schnell weich und klebrig wird.

⑦ Die Lebkuchenherzen im vorgeheizten Backofen etwa 10–15 Minuten goldbraun backen. Anschließend auf einem Kuchengitter vollständig abkühlen lassen.

⑧ Für den Guss das Eiweiß leicht verquirlen. Dann esslöffelweise Puder-zucker zugeben, bis der Zuckerguss eine Konsistenz ähnlich wie Zahn-pasta erreicht hat. In einen Spritzbeutel füllen und die abgekühlten Leb-kuchenherzen nach Lust und Laune verzieren.

Zwetschgendatschi-Tartelettes

Bayerischer Klassiker

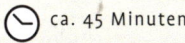 ca. 45 Minuten

 180 °C (Ober-/Unterhitze)

Wenn im Spätsommer die Zwetschgen reif werden, freut sich ganz Bayern auf frischen Zwetschgendatschi mit Schlagsahne. Mit diesem Rezept lassen sich etwa 8–10 kleine Tartelettes backen, die dem Datschi sehr ähneln, gleichzeitig aber etwas kompakter sind und somit auch ohne Kuchengabel gegessen werden können.

ZUTATEN

Ergibt 8–10 Tartelettes
100 g Butter
100 g Zucker
2 Eier
1 Päckchen Vanillezucker
1 Prise Salz
170 g Mehl
1 TL Backpulver
8–10 Zwetschgen
4 TL Zimt und Zucker
2 EL Mandelblättchen
Puderzucker
Butter und Mehl für die Förmchen

ZUBEREITUNG

① Den Backofen auf 180 °C (Ober-/Unterhitze) vorheizen. Ofenfeste Back- bzw. Tarteförmchen leicht buttern und mehlen.
② Butter, Zucker, Eier, Vanillezucker, Salz, Mehl und Backpulver mit der Küchenmaschine oder dem Knethaken des Handrührers zu einem glatten Teig verrühren.
③ Den Teig gleichmäßig auf die Förmchen geben, mit dem Teigschaber vorsichtig verteilen und glatt streichen.
④ Zwetschgen waschen, halbieren, entsteinen, vierteln und anschließend jedes Törtchen mit etwa einer Zwetschge belegen. Die Früchte ganz leicht in den Teig drücken.
⑤ Die Zwetschgendatschi-Tartelettes mit Zimt und Zucker bestreuen und im vorgeheizten Backofen etwa 20–25 Minuten backen, bis sie eine goldene Farbe annehmen. Etwa 5 Minuten vor Ende der Backzeit die Mandelblättchen über die Tartelettes streuen und fertig backen.
⑥ Die kleinen Datschis auf einem Kuchengitter abkühlen lassen und mit etwas Puderzucker bestreut servieren.

Knusperbrezeln mit Schokoüberzug

Für Knabberspaß

🕐 ca. 15 Minuten

Was auf den ersten Blick eventuell etwas merkwürdig klingt, schmeckt überraschend köstlich. Knusperbrezeln – mit oder ohne Salzstreu – werden mit Schokolade überzogen und führen beim Knabbern zu einer kleinen Geschmacksexplosion, bei der sich die salzig-süßen Aromen gegenseitig verstärken. Unbedingt ausprobieren!

ZUTATEN

Für 4–8 Personen zum Knabbern
100 g Schokoladenkuvertüre
1 Packung Knusperbrezeln (125 g)

ZUBEREITUNG

① Die Kuvertüre im Wasserbad nach Packungsanweisung schmelzen.
② Die Knusperbrezeln auf einer mit Backpapier belegten Arbeitsfläche dicht an dicht auslegen.
③ Einen Esslöffel in die Schokolade tauchen und die Brezeln mit leichten Schwenkbewegungen mit der flüssigen Schokolade beträufeln, so dass sich die Schokomasse in Streifen darüberlegt.
④ Die Schoko-Knusperbrezeln vollständig trocknen lassen und als Snack servieren.

Mein Tipp:
Der Schokoüberzug schmeckt übrigens auch auf Knusperbrezeln mit oder ohne Salzstreu oder mit Sesam sehr gut. Große Schokoladenfans können die Brezeln auch komplett mit der Schokolade überziehen, indem sie sie einzeln an einer Gabel vollständig in die Schokolade tauchen und anschließend auf Backpapier trocknen lassen.

Service

ÜBER DIE AUTORIN

Es freut mich, dass Sie sich für dieses Buch entschieden haben.

Mit meinem Mann und unseren drei Töchtern lebe ich am wunderschönen, bayerischen Ammersee. Meine besondere Gabe, mich in Nullkommanix wahlweise glücklich zu kochen oder zu backen, brachte mich vor etwa acht Jahren auf die Idee, all dieses Glück mit möglichst vielen anderen Menschen zu teilen. Kurze Zeit später entstand mein Food- und Lifestyle-Blog www.emmabee.de. Mit dem Erfolg des Blogs und der Geburt von Töchterlein Nr. 3 kam die Entscheidung meinen eigentlichen Beruf als Pädagogin an den Nagel zu hängen und mein Hobby zu meiner neuen Berufung zu erklären. Eine wunderbare Entscheidung, die mein Leben ungemein bereichert hat und es immer noch tut.

„Fingerfood – bayerisch gut" ist mein drittes Kochbuch. Als Liebhaberin der bodenständigen und kompromisslos leckeren, bayerischen Küche hat mir die Arbeit an diesem Buch sehr große Freude bereitet. Ich hoffe, diese Freude kommt auch ein klein wenig bei Ihnen an.

DANKE

Zunächst richtet sich mein Dank an das gesamte Team des Ulmer-Verlags. Ein ganz besonderer Gruß geht an die Verlagslektorin Lisa Seibel: Es war mir wieder einmal eine sehr große Freude mit Ihnen zusammenarbeiten zu dürfen!

Meinen Eltern, Geschwistern und Großeltern danke ich für die bedingungslose Unterstützung auf dem Weg zum fertigen Buch, ganz egal ob sie in Form von Küchenutensilien oder wohltuender Aufmunterung daherkommt.

Großer Dank gilt meiner Schwester Cynthia für ihre überaus verlässlichen Erstkorrektur-Dienste und dafür, dass sie immer einen prall gefüllten Sack mit Kommas für mich bereithält.

Meinem Mann Stefan und unseren gemeinsamen Töchtern Emma, Frieda und Heidi danke ich für ihr bedingungsloses Dasein, für Ihre Anregungen und Kritik und schließlich für das zufriedene Lächeln in ihren Gesichtern, dem ich genaugenommen bei jedem Rezept hinterher jage. Alles was ich mit Liebe tue, ist für Euch. ♥

ZUM WEITERLESEN

Schaldach, N.: **Fingerfood – schwäbisch gut. Tapas aus dem Ländle.** Ulmer 2016

Fazis, B.: **Bayerisch vegetarisch. Über 50 weiß-blaue Schmankerl.** Ulmer 2017

Karon, J.: **Schwäbisch vegetarisch. Über 50 gscheide Rezepte von Gaisburger Marsch bis Maultaschen.** Ulmer 2016

Hofmann, M., Lydtin, H.: **Bayerisches Kochbuch.** Birken-Verlag, 56. Auflage, 2007

Schuhbeck, A.: **Meine bayerische Kochschule.** ZS-Verlag 2013

www.spezialitaetenland-bayern.de
Interessante Informationen zu bayerischen Spezialitäten: Besonderheiten, Anbau, Herstellung und Geschichte sowie Anekdoten, Rezeptvorschläge und Tipps.

www.oekoland-bayern.de/verbraucher/saisonkalender
Der Öko-Saisonkalender zeigt Ihnen auf einen Blick, welche Früchte, Salate und Gemüse die bayerischen Öko-Bauern gerade ernten. Damit bekommen Sie wunderbar frisches Obst & Gemüse und helfen gleichzeitig, die Natur zu schonen.

REZEPTE SCHNELL NACHGESCHLAGEN

Bildquellen
Alle Fotos stammen von Birgit Fazis. Das Porträtfoto der Autorin stammt von Stephanie Winkler.

IMPRESSUM

Die in diesem Buch enthaltenen Empfehlungen und Angaben sind von der Autorin mit größter Sorgfalt zusammengestellt und geprüft worden. Eine Garantie für die Richtigkeit der Angaben kann aber nicht gegeben werden. Autorin und Verlag übernehmen keine Haftung für Schäden und Unfälle. Bitte setzen Sie bei der Anwendung der in diesem Buch enthaltenen Empfehlungen Ihr persönliches Urteilsvermögen ein.
Der Verlag Eugen Ulmer ist nicht verantwortlich für die Inhalte der im Buch genannten Websites.

Bibliografische Information der Deutschen Nationalbibliothek
Die Deutsche Nationalbibliothek verzeichnet diese Publikation in der Deutschen Nationalbibliografie; detaillierte bibliografische Daten sind im Internet über http://dnb.d-nb.de abrufbar.

© 2018 Eugen Ulmer KG
Wollgrasweg 41, 70599 Stuttgart (Hohenheim)
E-Mail: info@ulmer.de
Internet: www.ulmer.de
Lektorat: Anja Fleischhauer, Lisa Seibel
Herstellung: Katharina Merz
Umschlag-Konzeption: Ruska, Martín, Associates GmbH, Berlin
Umschlag-Gestaltung: Antje Warnecke, nordendesign.de
Reproduktion: timeRay Visualisierung, Jettingen
Satz: r&p digitale medien, Echterdingen
Druck und Bindung: Firmengruppe Appl, aprinta Druck, Wemding
Printed in Germany

ISBN 978-3-8186-0506-3